前言

十年树木，百年树人。一个国家的崛起需要各个领域、各个行业的共同努力，而教育事业肩负着为各个领域、各个行业输送优质人才的重大任务，教育培养人才的数量和质量都在不同程度上影响着社会进步、经济发展和文化传承。因此，我们国家一直致力于培养优秀的教育工作者，每年投入大量的人力和财力进行教育科研和教师培训事业。

随着我国经济的飞速发展，家长越来越重视儿童在学前时期的教育。我国学前教育从帮助工作繁忙的家长照看孩子，升华到促进幼儿德智体美全面发展的教育，幼儿教师的称呼也从“育儿阿姨”转变为教师。随着学者们的深入研究，越来越多的科研成果表明，幼儿教师对幼儿的健康和谐发展发挥了重要作用。

近年来，国家为了规范幼教事业的健康发展，杜绝伤害幼儿身心健康事件的发生，从 1981 年至 1990 年，教育部先后颁布了《幼儿园教育纲要》《幼儿园管理案例》《幼儿园工作规程》，教育部于 2020 年 9 月 17 日，公布了《中华人民共和国学前教育法草案（征求意见稿）》，2022 年 2 月 16 日，教育部发布了《幼儿园保育教育质量评估指南》。

可见，国家对于规范幼儿学前教育一直都非常重视，而作为幼儿学前教育的中坚力量，幼儿教师自身素质的优劣在一定程度上会对幼儿的心智健康发展产生影响，因此，对幼儿教师教育及幼儿教师发展进行研究十分必要。基于此，特策划并撰写了《新时代幼儿教师教育体系建构与实施》一书。

本书共包含八章。第一章分析了幼儿教师的理念认同与基本道德修养；第二章论述了幼儿教师教育研究的意义、特征、内容、策略与常用方法；第三章至第六章为本书的重点，从课程体系构建、职前教育体系、职后教育体系、园本培训体系四大层面探讨了幼儿教师教育体系的相关内容；第七章与第八章对幼儿教师专业技能培养、幼儿教师专业发展路径展开探讨。

本书在撰写过程中，不仅参阅、引用了很多国内外相关文献资料，而且还得到了同事亲朋的鼎力相助，在此一并表示衷心的感谢。由于作者水平有限，书中疏漏之处在所难免，恳请同行专家以及广大读者批评指正。

作　者

2022 年 2 月

新时代幼儿教师教育体系建构与实施

吕　晓/著

中国商业出版社

图书在版编目（CIP）数据

新时代幼儿教师教育体系建构与实施 / 吕晓著 . --
北京 : 中国商业出版社 , 2022.10
ISBN 978-7-5208-2257-2

Ⅰ . ①新… Ⅱ . ①吕… Ⅲ . ①幼教人员 - 师资培养 -
研究 Ⅳ . ① G615

中国版本图书馆 CIP 数据核字（2022）第 182924 号

责任编辑：许启民
策划编辑：武维胜

中国商业出版社出版发行
（www.zgsycb.com　100053　北京广安门内报国寺 1 号）
总编室：010-63180647　编辑室：010-83128926
发行部：010-83120835/8286
新华书店经销
北京亚吉飞数码科技有限公司印刷
*
710 毫米 ×1000 毫米　16 开　10.25 印张　190 千字
2023 年 4 月第 1 版　2023 年 4 月第 1 次印刷
定价：80.00 元
* * * *

目　录

第一章　幼儿教师的理念认同与道德修养

幼儿教师主要的工作对象是幼儿。幼儿时期是人成长发展的一个特殊阶段，在这个时期，虽然具备了走、跑、跳、钻、爬等一定的基本动作能力，但动作的协调能力和准确性还未发育成熟；虽然学会了一定的语言表达，但还不能清楚、完整、准确地表达自己的想法和见解；虽然有一定的自制力，但还不能很好地控制自身的情绪和行为，不能独立地开展系列活动；虽然有一些较为浅显的认知和社会经验，但还欠缺大量的认知和社会活动的参与；虽然能逐渐走出家庭，进入幼儿园，开始逐步适应离开妈妈、爸爸的过程，在幼儿园也能获取一定的安全感，但是对幼儿教师、家长等成人的依赖性仍然很强。由于幼儿的知识经验较少，他们会以孩子独特的眼光和视角，天真无邪而又幼稚地面对成人和世界。面对工作对象为幼儿这一特殊性，幼儿教师需要树立正确的儿童观，深入了解幼儿心理及生理的发展特点，正确地认识与看待幼儿成长发展中的种种表现，理解幼儿成长与发展背后的种种行为。

第一节　幼儿教师的职业认同

一、幼儿教师职业认同的相关概念解析

（一）幼儿教师

师者，传道授业解惑也。从广义上而言，教师就是将知识技能等向其他人输送的人。从狭义上而言，教师指的是经过师范类职业培训，在一定的教育场所向特定人群传授知识、技能的人。幼儿教师是指在幼儿园、托儿所等幼教机构中，承担起 3—6 岁儿童保育教育的专职人员。

我国大部分幼儿教师是以女性为主，作为教师群体中不可或缺的一部分，主要进行3—6岁儿童的启蒙性教育，通过幼儿教育，使幼儿养成良好的性格，推动幼儿的健康成长。在幼儿教学中，幼儿教师不单单向幼儿传授学前教育知识，更重要的是让幼儿养成良好的合作习惯、卫生习惯、生活习惯等。

（二）职业及职业认同

1. 职业

不同时代和不同文化背景下，同一词语会有不同释义，在英文中，“职业”一词出现在13世纪，包含着从业者们拥有高于其他人的独特技艺，并且这种技艺或者能力不是轻松学得的，而要经过训练得来。随着高效率经济的发展，从事相应职业更加需要具备相应的技能或取得资格证书，未来的从业者们需要在学校学习相关职业知识和技能。①

华夏文明博大精深，语义流传深厚，词性不同，寓意也会有所差别。在中文环境中，职业有多重含义，《汉典》将“职业”一词定义为主要研究某种职业或从事某项事业。在一些情况下，职业又等同于专业，即人们将所学的专业作为谋生工具，这就意味着一旦某项技能成为一项职业，就需要具备相应的能力，遵守相应的规范。

综上所述，本书将职业定义为具有成体系的专门知识、技能和规范，并将要或正以此谋生的一项活动。

2. 职业认同

随着机器化大生产的普及及明确的分工和现代管理制度的建立，越来越多的具有一套独立科学体系的职业从上级概念中细化出来，就业者对某职业的选择及就业者的从业态度和工作效率等越来越受到管理层的重视，学者们也越来越关注对职业认同的研究。外国学者认为对职业身份认同的研究，需在承认其是一个动态结构的前提下进行，因为历经人生和事业的不同时期，人们对自身职业身份的认同也在不断地发展和变革。

当前，对职业认同的研究主要从职业认同的环境互动性和内容维度

① 卢晓东，陈孝戴．高等学校“专业”内涵研究[J]．教育研究，2002（7）．

两方面来认定其概念。在与环境的互动性上，学者们基本一致认为职业认同是受个人自身、周围环境以及内外部相互作用的影响，具有环境互动性。如元明俊认为，职业认同是一个诠释由个人自身、社会互动、认知因素影响的个人价值和经验的持续、动态的过程。在这一过程中，人们既需要在自身成长的基础上独立思考、清晰认知，也需要结合社会、他人对自身职业的期望来形成职业认同。若从职业认同的内容维度上来定义，可延续环境互动论的观点，从自身、外界环境、自身与环境的互动三个维度划分。安芹等认为职业认同包括内部认同与外部认同，内部认同即个人对自己是否适合某职业的认识，外部认同即某职业的客观信息，如从事此职业所需的知识技能、此职业的社会地位等；内外部认同的关系体现在某职业上的自身期望值与外界评价值的差异。①

王顶明等从职业认同形成过程中的三因素来定义，即通过职业认知及其习得过程，从而与此职业产生浓厚情感联结，再由此情感激发的动机推动下产生持续行为效果的过程。②

通过梳理以上文献，笔者整合不同角度的研究，认为职业认同是指通过了解此职业信息，个人在充分考虑自身条件、他人评价的基础上，而在情感态度上产生的对所学或所从事的职业的认可和接受，并在行动上为该职业持续付出努力。

（三）教师职业认同及幼儿教师职业认同

1. 教师职业认同

教师职业认同又称为教师专业认同或教师认同，是教师职业化发展的心理基础，职业认同可以划分为基于自身独特性的个体认同和职业群体统一性的社会认同。

教师对自己所从事的职业认同度决定了其从事的教育事业质量的高低，教师职业认同度较高，在教学中就会有激情，就会有较强的责任心，在工作中就会有较高的效率，教学质量就会提升；反之，较低的职业认同将会影响教学质量的提升。

国内大部分学者们较为赞同魏淑华对职业认同的定义，即教师的职

① 安芹，贾晓明．高校心理咨询员专业认同的初步研究[J]．中国临床心理学杂志，2006（2）．

② 王顶明，刘永存．硕士研究生专业认同调查[J]．中国高教研究，2007（8）．

业认同就是教师个体对自己的职业价值和职业技能的认识程度。将教师职业认同细化为两种学说：一种是过程说，另一种是状态说。教师在从事教学活动前与其从事教学活动后，心理状态会发生一定的变化，具体体现在从不适应到磨合期的变化。“过程”是指在从事教师这一特定的职业时，经过时间的磨合转化为教师角色的过程；“状态”是指在从事这一特定职业后的心理感受。教师个体在工作中产生的认同和认可，不仅受到自己内部心理感受的影响，也会受到社会这一外部环境的影响，从而产生不同的心理认同感。

本书认为，教师职业认同主要是指在某个特定的角色中，教师的自我意识由模糊转向清晰的过程，是一个不断变化的过程，从最初的认知到熟悉，再到知识与技能的成熟，不断地自我建构与自我感受，促使教师实现自己的职业价值与职业期望。

2. 幼儿教师职业认同

在幼儿教师职业认同方面，翟艳提出幼儿教师的职业认同应包括职业准备、工作动机、自我形象、教学实践和未来展望五个方面。①

研究者谭日辉②、王彩凤③将幼儿教师的职业认同定义为：幼儿教师主观上接纳自己的幼儿教师职业，进而主动投身于所热爱的幼儿教育事业的一种精神状态。

总结以上学者的观点，本书认为幼儿教师职业认同是教师对职业的一种整体态度，是幼儿教师基于自身经验、自主理解与解决职业发展过程中所面对的各种矛盾与冲突，从而形成对本职业有目的、主动地自我理解与自我接纳的态度。它是幼儿教师对身为“职业教师”的认知和情感，是对作为幼儿教师所具有意义的整体看法，并且这种职业认同主要体现在幼儿教师的儿童观、职业发展态度、课程与教学实践观三个方面。

---

① 翟艳．天津市幼儿教师专业认同现状的调查与分析[J]．教育探索，2013(2)．

② 谭日辉．当前幼儿教师职业认同存在的问题、原因分析及其提高策略[J]．学前教育研究，2009(12)．

③ 王彩凤．幼儿教师人格类型与其职业认同的关系研究[D]．北京：首都师范大学，2009.

二、幼儿教师职业认同的理论基础

（一）社会认同理论

社会认同学说是学者约翰·特纳、亨利·塔菲尔提出的。该学说认为，社会认同的建立从三个方面进行：一是类化，二是认同，三是比较。所以，该学说又被称为“CIC 理论”。核心观点是：社会认同是社会群体中的人通过社会对自己的评价，使自己的自尊心逐渐增强。倘若个体的社会认同感较低，个体会千方百计地离开这个群体，或者是想办法去实现较高的社会认同度。社会认同的关键是认同，“认同”这一词语涵盖有两层意思，第一种意思是辨别、鉴别，也就是从众人或众多事物中将其辨别和识别出来。社会认同就是将个人和其他人区分开来，所以，依据个体的特性所得来的身份为个人身份，而依据其社会属性所带来的身份为社会身份。第二种意思为等同，也就是在社会群体中根据同类性质来定义个人身份。所以，对认同的解释可以称为自我概念或者是自我意象，认同就是自我对自己的态度和评价。

对于幼儿教师来说，社会认同即职业认同感，是对其工作中情感体验和职业价值观的重要支撑。

（二）马斯洛需求层次理论

马斯洛需求理论一直以来为大众所认可，其将人类需求分为五个层次，最低级的需求层次是生理需求，其次是对安全的需求，最后是归属和爱的需求，第四层次的需求是尊重的需求，最高层次的需求是自我实现的需求。其中，马斯洛认为，生理、安全和爱的需求在人类需求中属于低级需求，而尊重和自我实现的需求是高级需求，同时需求是从低级到高级进行的，只有低级需求满足了，才会寻求高级需求。再者，通过外部条件就能实现低层次的需求，而如果想要实现高级层次的需求，只能向内寻求，也就是通过自身来实现高级需求。

个体存在于社会中，都期望自己在社会中的地位是稳定的，自己的价值能够为他人和社会所认可。马斯洛认为，尊重的需求也分为两种：一种是内部尊重，另一种是外部尊重。内部尊重是个体内在的实力，是对个人的尊重，自己相信自己有实力，能胜任自己的工作，对自己充满信心，自己对自己是认可的。外部尊重是期望自己能够为别人所尊重，自己在社会上有一定的威望,能得到他人和社会的高度评价和信赖。马斯洛理论认为,当个体被尊重时,自己在工作中就会充满激情,就会认为自己是一个有用的、有价值的人,从而会更加努力地实现自己的职业抱负。

自我实现其实就是最高层次的需求的体现,是个人抱负、个人价值的体现。在这一阶段,个人能力发挥到最佳状态,自己不管是解决问题的能力,还是工作目标的实现,状态都会非常好。显然,个体在工作中实现价值,实现抱负,就会在工作中体验到快乐。

作为一名幼儿教师,在工作中一样需要被尊重,一样需要自我价值的实现,一样需要自己能够得到社会和他人的认可。只有自己的价值得到了认可,自己的工作得到了社会的认同,其需求才会得到满足,职业认同感才会得到提升,而职业认同感提升了,他们才会更加激情地投入工作和教学中。

三、幼儿教师职业认同的意义

(一)幼儿教师的职业认同水平影响教师队伍建设

中共中央、国务院印发的《中国教育现代化 2035》中,提出了“普及有质量的学前教育”“建设高素质职业化创新型教师队伍”,这些内容不仅体现了国家对学前教育事业发展方面的政策支持,还明确提出了要建设一支高素质职业化创新型幼儿教师队伍。

高素质职业化创新型的幼儿教师必定拥有积极的职业认同。只有关注与提高幼儿教师的职业认同水平,让其高度认可自己的职业,才能真正激发其从事幼儿教育事业的积极性与主动性,使其在工作中体验到自己的职业价值,并主动坚守在幼儿教育事业的第一线。

(二)幼儿教师的职业认同是做好幼教工作的前提

职业认同是一个人对其职业的肯定认识,也是其获得自身内在发展的激励因素。幼儿教师是否有积极的职业认同,关系着他们能否全心全意投入日常工作中,这是幼儿教育工作顺利开展的关键。当幼儿教师认同幼教工作时,他们就会维持积极的心理态度,积极热情地投入工作,以圆满完成幼儿园分配给他们的任务;但如果他们的职业认同状态消极,对幼教工作积极性差,就会出现职业倦怠甚至产生离职的想法。作为一名新手教师,在进入幼儿园工作后,只有怀揣着作为幼儿教师的使命感和责任感，全身心投入工作中，才能做好幼教工作，实现自己的职业价值。

（三）职业认同对新手教师职业发展起到关键作用

新手教师阶段是教师职业发展奠定基础的关键时期，其职业认同程度会直接影响其工作投入和对职业的规划，继而对今后的职业生涯发展方向产生影响。在这一时期，新手教师要经历从学生到教师身份的转换，把自己擅长的理论知识运用到教学实践中，但是，这一过程中出现的挫折和困难，可能会致使他们降低对幼儿教师这一职业的认同度。因此，关注幼儿教师的心理状况，让他们从职业新手时期就坚定认同幼儿教师职业，并让这种坚定的信念在以后的教师职业生涯中持续下去，不仅对他们的职业发展具有重要意义，也有利于整个幼儿教师队伍的稳定性发展。

四、幼儿教师职业认同的建立策略

（一）从国家层面上重视幼师队伍建设

1. 提高幼师社会地位和工作待遇，保障合法权益

人是社会化的产物，人们通过与社会上的其他人对比来形成对自身的认识和看法。幼儿教师对自身职业地位和价值的认同也源于国家和社会对学前教育的重视度和投入度。要想提升幼儿教师的自我认同，就必须从国家和社会层面上提升对幼师的关注度。近年来，幼儿教育领域频发危害幼儿健康的恶劣事件，这引起了社会和全体成员的愤怒，也引发了人们对如何保障幼儿健康成长的思考，于是国家响应人民需求，出台了相关的法律法规，这极大地促进了社会对幼师的认识和尊重，但是幼儿教师的社会地位和工作待遇还有待提高，幼儿教师的晋升制度和激励机制还有待完善。

2. 拓宽幼师自我提升和进修渠道，加大培训力度

幼儿教师不能仅有一腔热情，还要打好坚实基础，而职业技能就是幼师岗位的基础。由于儿童具备的吸收性、可塑性，教师的言行会对其产生深远影响。由于幼儿阶段实行整体式、综合式学习，这就要求幼儿

教师在职业生涯中要不断地继续学习、填充知识。因此,国家需要支持和开展幼儿教师的各项培训,为积极寻求自我提升的幼儿教师搭建信息和资源平台,深入调查幼师的民情民意,精准对接幼师的培训需求,拓展线上和线下全方位知识和技能的培训,通过培训提升教师技能水平和思想觉悟。技能水平高的教师能够在错综纷杂的矛盾中快速找到解决办法,从而提高工作效率,高质量地完成教育教学工作。

3. 严把幼师准入门槛和师德建设,强化监督评价

幼儿职业认同与工作绩效紧密相连,幼师职业目标、情感、技能在一定程度上能够预测工作绩效。国家在建设高素质教师队伍时,一方面要充分给予教师自我提升的资源,另一方面还要注重筛选,严控准入门槛,在源头上遏制情感和技能不达标的人员进入幼师岗位;加强师风师德建设,在过程中使所有教师做到"心中有弦"、自省自觉,规范自身行为,保持在职业情感、目标上的正确性;强化监评制度,在过程和成果上及时监控,全面评价教师的行为,对于教育思想、方式不合理的幼儿园及教师提出改正意见,对于教育态度、行为恶劣的幼儿教师,应及时清理出幼师队伍,以此保证幼师队伍的素质水平。监管评价到位,不仅能筛选出不合格的幼儿教师,避免儿童观、教育观思想错误的教师进入队伍,还可以提高社会和家长对幼儿教师整体的认识和尊重,从而增强幼师的自我认同,激励他们从克服困难、努力工作中获得满足。

(二)从园所层面上创设良好工作环境

1. 听取教师心声,建立合理化管理制度

幼儿教师职业认同提升不仅与国家的教育大政方针有关,还与幼儿园管理者、幼儿园工作微环境有关。经过调查得出,编制情况和工资都会影响到教师的职业认同,其中没有编制但与编制教师享有同工同酬待遇的教师在职业认同和工作绩效上与在编教师没有差异,而临时聘用的教师则明显在认同度和绩效水平上偏低,这充分说明了幼儿园管理制度会影响到教师对幼师岗位的看法和工作热情。一方面,幼儿管理层在任职制度、工资待遇的制定上要合情合理,保障教师合理权益不受损。另一方面,在管理制度上,要听取教师的心声,做好实情调查再制定各项规章,切不可盲目根据幼儿园管理层的意志做"拍屁股决定"、朝

令夕改、烦冗复杂和死板僵化。幼儿教育工作本身就覆盖面广且相当细致，如果再加上不合理的管理制度，只会抑制教师的行动力，压抑教师的工作情绪，不利于教师对工作岗位的满意度，进而影响工作效率和质量。

2. 及时发掘问题，关注教师的心理健康

幼儿园管理者不仅起到监管教师工作的作用，更应该为教师提供帮扶，为教师教育教学工作做好后勤保障。职业情感在一定程度上能够预测工作绩效，使人保持积极向上的工作情绪，事实证明，能够得到幼儿园管理层和同事的支持和帮助的幼儿教师，工作绩效水平会更高。这就表明在专业支持上，幼儿园管理者要善于观察、发掘教师在工作中极易遇到的问题，调动园所力量，为问题解决提供资源和便利，如有些园所为了帮助教师解决教研资源缺少的问题，专门定期举办课程专家讲座、开通知网账号等。另外，幼儿园管理层还应关注教师的工作情绪，帮助教师及时排解工作上的不良情绪，缓解教师压力，做到以人为本，只有这样才能体现管理者的人性关怀。

（三）从教师层面上主动全面提升自身

1. 端正教育态度，坚定理想价值

教师是培养人的职业，是学生的榜样，一言一行都感化着学生，教师要用独特的人格魅力感染学生，潜移默化地将为人处世的观念传递给学生，而幼儿辨别是非能力弱，爱模仿，更易受到教师言行的影响，所以，幼儿教师更要注意教育教学观念和行为的科学性，端正看待幼儿、对待教育事业的态度，坚定教书育人的理念，肯定作为幼儿教师的价值，保持锐意进取、终身学习，为教育事业做贡献。

2. 积极利用资源，全面提升能力

促进教师爱岗意识的增长，内核是教师的能动性。[①] 因此，国家和幼儿园应为教师提供职业成长的机会、资源共享的平台，幼儿教师要调动自身主动性，发挥教育教学智慧，充分利用周边资源，促进自身职业化的发展。

① 于梦圆 . 幼儿教师专业认同与工作绩效的关系研究 [D]. 石家庄：河北师范大学，2020.

第二节　幼儿教师对幼儿教育的认识

一、幼儿教师的教育使命之一：发现儿童

承认儿童世界，让它独立存在。在现实生活中，儿童遵循客观的认知规律，不断完善自身对世界的认识。认识时间的长短会影响认识深度，从这一层面来说，儿童认识世界的脚步难以超越成人，无法达到理性认识的高度，势必会使儿童对社会的认识与成人之间产生很大的差距。这就自然形成了两个截然不同的世界——成人世界和儿童世界，儿童和成人站在各自的立场上思考问题，形成了各自不同的认识方式。在儿童世界中，他们的形象思维带来了认识世界的独特方式，这也需要成人承认儿童世界的特殊存在及其特有的价值。幼儿教师要想更好地认识儿童，首先需要承认儿童世界的存在。

接纳儿童世界的纯真，让它迸发光彩。儿童的生活世界是一个童真、童趣与童话般的世界。孩子们的生活是无忧无虑的、轻松的、天真的、诗意的、多彩的。儿童的生活世界总是被众多社会群体包裹，包括家长、教师、伙伴等，这些群体之间形成了千丝万缕的关系网，关系网的和谐发展对儿童世界具有建设性意义。任何单一的关系都容易产生偏差，导致孩子心理失衡。但需要注意的是，儿童世界不全是美好与童真，儿童世界的发展方向并不确定，它可能通往正向道路，吸纳“天地之精华”，使儿童成长为“完整的人”；它也可能通往反向道路，吞咽“万物之糟粕”，最终阻碍儿童的发展。儿童世界是一个无意识的自然体，来自外界的影响儿童只能“照单全收”，与此同时，成人对儿童世界的“塑造”从未停止，儿童独立的意识难以生长。如今，社会的竞争压力提高了人才要求，家长们为了让孩子适应社会的变化，让孩子们早早地学习各种知识，英语、编程和各类艺术培训课程如雨后春笋般出现，孩子们每天赶赴不同的培训班，自由的玩耍时间被“侵占”，如此可见，在此环境中，儿童世界的美好色彩正在慢慢变淡。因此，儿童世界的构建离不开成人，为保护真正适合儿童成长的世界，成人需要尊重、引导和关爱儿童，以实现儿童的成长。在教育场域中，幼儿教师只有尊重、守护、接纳儿童世界的纯

真，儿童世界才能展示它的生命力。

适应儿童的天性，真正“发现”儿童。儿童精神世界的发展和成熟是教育的目的，教育的内容应该适应儿童的接受和理解能力。正如儿童的衣服要适合身体的发展那样，切勿让幼儿穿不适合身体发展的衣服，教育应该适应儿童的“天性”而不是让“天性”去适应教育。儿童深刻的情感体验凸显儿童与成人的不同。“知识本位”时期教育以教授儿童知识为主要目的，在此种目的指引下，儿童可能会一味地追求真理性知识，长此以往会变成知识的“附庸”，儿童情感能力的发展会因此受到影响。① 人的基本素质包含职业知识和情感，这一基本素质反映到教育领域中，意味着教育不仅要授人知识，还要育人情感。历史上名人的经历和作品离不开童年的情感体验，没有童年时期保持对万物的好奇就不会有爱迪生持之以恒地发明电灯。儿童世界的情感体验必然会渗透到儿童的学习过程中，并成为后续人生发展的动力来源。

二、幼儿教师的教育使命之二：解放儿童

首先，让儿童做自己的教育者。儿童从成人世界中汲取养分，再返回自己的世界，不断增进自己对世界的认识。鉴于此，儿童不仅能在成人世界中接受教育、获得成长，还能自由自在地生活在属于自己的世界，体验知识之美与世界之美。在儿童世界这个独属自己的空间中，儿童享受这种安全的氛围，能够建立起独立接受成人教育的心理基础，促使儿童稚弱的心灵变得更加坚强。成人应该给儿童一个自我教育的机会，不要急功近利、揠苗助长，相信儿童能够保持童年美好的生活状态、茁壮成长。为了让儿童在自己的世界中健康成长，幼儿教师要努力维持这份美好，认可儿童作为对象的独立存在，解放儿童——让儿童做自己的教育者。

其次，赋予孩子自我教育的权利。在叶圣陶眼里，学生和种子一样，具有内在的生长动力，他主张教师要在适当的时间、适当的环境为学生提供营养，以便他们自主成长。不同的儿童就像不同的种子，只有教师允许“不同”的存在，这些种子才能结出不同的果实；教师的任务是为

① 吴美林．守护儿童世界——儿童哲学视角下幼儿教师角色探析[D].成都：四川师范大学，2021.

果实的成长预留足够的时间和空间，让每个果实找到自己“生长”的方向。外国教育家同样关注儿童自我教育的权利。杜威的“教育无目的论”、瑞吉欧的“孩子的一百种语言”、蒙台梭利的“有吸收力的心灵”、皮亚杰对儿童发展阶段的著述都为孩子的自我教育提供了理论基础。

此外，还有学者总结了教师在实践中的教育行为，发现教育活动中教师容易忽视儿童的需要，儿童的潜能激发不足。因此，幼儿教师应赋予儿童自我教育的权利，让儿童自主成长。教育可以提供比自然生活更多的机会，以满足孩子的直觉、兴趣和需求，并使他们有更多与周围环境和同伴互动的机会。但是，所有这些的实现都必须以孩子为基础。教师的启蒙功能是什么？就像一个人独自走在树林里，安静、快乐、放松，在冥想中，内心世界在大自然中慢慢展现，这时，远处传来一阵悠扬的钟声，划破了这寂静的氛围，给人留下了强烈的印象，久久挥之不去。教师的指导就像这钟声一样，让孩子们更清晰、更强烈地感知事物。

第三节　幼儿教师需要具备的基本修养

师德是中华民族的美德之一。从道德角度上来讲，师德不仅是教师应该遵守的职业道德，更是教师应该恪守的社会公德。幼师作为人民教师的一部分，其面对的是年幼无知的幼儿，因此更应该具备师德，幼师在工作过程中应时时刻刻恪守师德，以良好的师德为行为准则，为幼儿的身心成长提供健康、积极的环境。幼师的师德不仅是幼师这一行业所具备的职业道德，更是整个社会道德体系的一部分，从实际角度出发，幼师高尚的职业道德对于培养幼儿的身心健康具有十分重要的作用。

幼师应该约束自身的行为与语言，时刻以良好的职业道德为行为准则，承担起文化传播者、学生引导者的责任，在工作中充分体现自身的价值。在工作中，幼儿教师应以德为本、以德立业，从自身行为出发影响幼儿行为，力争做一个德才兼备的幼儿教师。

一、幼儿教师师德的内容

幼儿教师应对幼儿负责，爱护幼儿，发自内心地关爱幼儿，避免在幼儿面前产生任何负面影响，坚决杜绝体罚儿童等不尊重人格的行为，保持一视同仁的态度对幼儿进行教育。在工作中，幼儿教师应坚守国家教育方针，通过正面的教育促进幼儿的成长；与家长进行及时沟通，关注幼儿的内心变化，身体力行为幼儿做表率；衣着得体，不浓妆艳抹，举止文雅；严格遵守园内行为与工作准则，不以利益为目的向家长索取钱财；积极参与教学方案研究，为促进幼儿事业的发展贡献自己的一份力量。

二、幼儿教师师德的准则

要坚持中国共产党的领导，在教学活动中，认真贯彻党的方针政策；要严格遵守法律法规，在不违背国家与社会利益的前提下，追求自身发展；要认真履行自身的职责，帮助幼儿树立正确的价值观，传播正能量，避免在幼儿面前展现负面情绪，影响幼儿身心发展。不能借助互联网等渠道发布虚假信息、不健康信息以及带有极端情绪的言论，在幼儿面前时刻保持积极向上的情绪，避免幼儿受到负面情绪的影响，产生效仿行为；幼儿教师在教育过程中要始终以立德树人为根本任务，不仅要做到爱岗敬业，还要充分考虑幼儿的特点，耐心对待教育中遇到的问题。幼儿教师不能在工作中出现消极怠慢的情绪，应专注于幼儿教育工作；由于幼儿不具备较强的安全意识，因此，教师要时刻关注幼儿的人身安全，避免产生不可避免的人身伤害。如果遇到紧急情况，要保护幼儿的安危，不应该只顾自身安危，不顾幼儿的安全。虽然幼儿年龄较小，心智不成熟，但是面对不公平、不合理的待遇，他们仍然有一定的感知能力，因此，幼师应该公平对待每一个幼儿，不侮辱任何一个幼儿的人格。

幼儿园应该设立严格的幼师管理制度，严格规范幼师行为，保障幼儿权益，坚决抵制不良风气在园内盛行，同时严格规范教师与学生家长之间的交往尺度，不能任由教师随意收取家长财物。

三、加强幼儿教师师德建设的对策

进一步加强和改进幼儿教师师德建设离不开国家与社会的支持。幼儿教师是教师队伍中的中坚力量，幼儿园是教育的基石，幼儿教师更是教育主体，幼儿教师引领着教育事业的发展，肩负着基础教育建设的重担，为幼儿带来先进知识，培养国家优秀的接班人。因此，不断壮大幼儿教师队伍，也是幼儿教师队伍建设发展的关键。

（一）营造良好的师德师风建设氛围

应加强幼儿园基层党组织建设，在幼儿园完善党组织，配备专职党务干部，加大在幼儿教师中发展党员干部。加强幼儿教师党风建设，贯彻社会主义核心价值观，倡导教师推广职业文化建设，营造良好的师德师风建设。鼓励幼儿教师积极发散思维进行学术创作，潜移默化地提升教师素质，设立相关制度加强教师师德监督，设立相关负责人，针对教师产生的不良行为进行监管和监督，对严重违反师德的教师进行警告和处分。

“坚持立德树人，回归教育初心。”将国内外文化与师德师风融合，激发幼儿教师心中的正能量，抵制和摒弃心中的负能量，这就要求幼儿教师不仅需要具有良好的职业素质，还要求幼儿教师具备饱满的精神态度和优秀的奉献精神，积极参与到师德建设与教育事业之中。爱岗敬业并勤于职守，将本职工作看作事业的同时，还应将事业与爱好融合在一起。幼儿教师应具备良好的人格魅力，因为人格魅力是幼儿教师师德的关键，应该根据幼儿的不同性格特点，因材施教，灵活地展现幼儿教师的形象魅力。

（二）强化幼儿教师师德意识

幼儿教师应培养自身的师德意识，将师德融入幼儿教育教学中，以热心、细心为重点，以专注、学识为先导，促进自身成为志向远大、品德优良、个性亲和、富有涵养的优秀幼儿教师；同时，将自身魅力融入教育教学之中，对课堂教学内容进行反复推敲，确保教学内容适合幼儿成长发展。幼儿教师是幼儿教育的核心人物，要以身作则，积极吸取优秀教育经验，全心全意为幼儿服务，促进幼儿全面发展。

幼儿教育中的关爱教学是一个重要课题,在关爱教学中需要丰富体现教师的职业道德素养。教师在进行关爱教学的过程中不是单方面地对幼儿输出知识和情感,也会接受幼儿反馈给教师的信任和依赖,这会增强教师教学的幸福感,激发教师教学的热情。教师对教学的热情程度也可以促进幼儿的思想道德素养,培养幼儿正确的意识观念。因此,幼儿教师要重视关爱教学,摒弃落后教学观念,将关爱教学落到课堂实处,真正做到关心爱护幼儿,进一步提升自己的师德意识,以科学的方法与策略进行幼儿教育教学,不断挖掘新的教育手段,并及时更新教育方法,有针对性地加强幼儿教育。

做善于反思的幼儿教师,只有深入反思,才能把教育的要求转化融入孩子的需求中,才能掌握孩子的认知发展规律。幼儿教师要提高自身的教学水平,就要从课堂实践入手,找出教学问题并反思,将改正后的理念代入新课堂,然后,再进行反思总结,以此找出适合自己的教学方法,形成独特的课堂风格。幼儿教师也要严格要求自己,控制自己的不良情绪,避免和幼儿起冲突,也不要将自己的不良情绪展示甚至发泄到幼儿身上,真正地做到为人师表,这样才能体现出良好的师德师风。

第二章　幼儿教师教育研究

中国人以"人生百年,立于幼教"对幼儿教育的重要性做了简明恰当的界定,幼儿智则少年智,少年智则中国智,中国智则中国强。幼儿教师教育研究就是贯彻幼儿教育理念,体验幼儿教育过程,反思幼儿教育行为,总结幼儿教育结果,通过园本研究、行动研究、合作研究,在日复一日的幼儿园实践活动中发现问题,意识问题,赋值问题,思考对策,积累经验,获得真知,最终让我们的孩子明德、尚美,让我们的教师求真、务实,让幼儿园开拓发展。

第一节　幼儿教师教育研究的意义与特征

一、幼儿教师教育研究的意义

(一)改变幼儿教师对教育研究的认识误区

学前教育的教育研究工作不同于中小学,因此,要切实避免教师因对"研究"观念的偏差而无法开展研究工作。幼儿教师进行教育研究是基于实际工作需要,以解决教育教学工作中遇到的问题为主要目的,并以此促进幼儿教师专业能力的提升和幼教质量的提高。

(二)促进幼儿全面发展的需要

幼儿教师是幼儿成长道路上非常重要的引路人。教育不是一件容易的事情,教会幼儿乐学习、会生活、爱艺术,不能单凭幼儿教师一味拿书本去教学,而是要有研究的态度,应随时随地留心观察,尽管他们应用的不是书本上的材料,也要学会利用它,使其变为教材。幼儿教师没有研究的态度，就很难收到良好的成效，因幼教工作艰巨而复杂，这就需要幼儿教师要有很强的学习、研究能力，能灵活地把幼儿在生活和游戏中的直接经验转化为教育内容，能在观察分析幼儿年龄学习特征的基础上，运用幼儿感兴趣的情境，引导幼儿多感官参与思考和学习。

（三）提升幼儿教师教育研究能力

目前，有关幼儿教师研究能力现状的研究比较成熟，关于教师教育研究能力提升策略的研究不多，而已有研究更侧重于科学研究，与幼儿园所需要的教育研究有些偏离，能提供给教师的参考价值有限，对如何提升幼儿教师的教育研究能力仍存在困惑。因此，对幼儿教师教育进行研究是提升幼儿教师教育研究能力的有效路径。

二、幼儿教师教育研究的特征

（一）由强调数量的增加到追求质的提升

自中华人民共和国成立至改革开放前，我国幼儿教师教育主要以国家指令性计划为主，以满足国家和社会需求目标，培养机构为各级各类师范院校，实行就业定向分配。改革开放后，国家对幼儿教师教育的需求不再是数量的满足，而是强调幼儿教师教育质量的提升、教育结构的优化。幼儿教师教育政策的设计主体由单一的政府部门渐渐转向政府、各类教育培养机构、受教育者、教师群体、各智库机构等多元主体。

（二）由强调非均衡发展转向强调均衡发展

随着改革的不断深入，以前的幼儿教师教育政策难以解决教育领域出现的新问题，幼儿教师教育亟须突破陈旧观念，打破固化藩篱，办人民满意的教育，满足社会对教育“上好学”的期待，同时，幼儿教师教育转向为城乡优质均衡发展、优先公平与质量，推进城乡一体化发展，进而消除城乡、区域教育差距。

（三）由借鉴国外经验到构建中国体系

我国的幼儿教师教育政策曾经采取了全盘照搬“苏联模式”，政策选择多属于“经验型”。改革开放以后，又一度“以西为鉴”，西方发达国家的异质教育理论、教育经验被移植进来，导致异质教育如何本土化、本土教育如何与外来教育理论整合为我所用的问题极为突出。进入21世纪,随着向教育强国迈进,"中国经验"已成国际主流话语,我国的幼儿教师教育不再模仿外国经验,而是全力构建具有中国特色的幼儿教师教育话语体系和理论体系。

第二节　幼儿教师教育研究的内容与策略

一、幼儿教师教育研究的内容

(一)幼儿教师教育基本理论研究

基本理论研究是幼儿教师教育研究的首要对象,具体包括以下内容。①

(1)幼儿教师知识研究。

(2)幼儿教师反思研究。

(3)幼儿教师合作研究。

(4)幼儿教师领导力研究。

(5)幼儿教师能力研究。

(6)幼儿教师信念研究。

(7)幼儿教师学习研究。

(8)幼儿教师身份认同研究。

(9)幼儿教师职业生涯发展研究。

(二)幼儿教师教育史研究

古今中外,幼儿教师教育发展的历程蕴含着丰富的经验和教训。可以说,探讨幼儿教师教育史有助于我们今天更好地开展幼儿教师教育工作。具体来说,幼儿教师教育史应包括幼儿教师教育的思想史和制度史。

幼儿教师教育思想史指的是用历史的方法研究幼儿教师教育思想。

幼儿教师教育制度史包括培养制度和培训制度发展的历史。

---

① https://www.baywatch.cn/jiaoyulunwen/jiaoshijiaoyulunwen/57681.html.

（三）幼儿教师教育国际比较研究

幼儿教师教育国际比较研究是对不同国家或地区的幼儿教师教育开展比较研究。应该说，对世界各国的幼儿教师教育进行国际比较研究，有助于我们用全球的视野去开展幼儿教师教育工作。

（四）幼儿教师教育管理体制研究

幼儿教师教育管理体制包括幼儿教师教育行政体制和幼儿教师教育机构管理体制。幼儿教师教育行政体制是国家权力机关为了实施特定的幼儿教师教育目标，通过国家及地方教育行政机关对幼儿教师教育工作进行组织、经营和领导的行政行为。

（五）幼儿教师教育政策研究

致力于为国家教育决策的公共咨询提供服务是教育研究者的社会使命。幼儿教师教育政策研究的内容包括对幼儿教师职前培养政策和职后培训政策的研究。

（六）幼儿教师教育课程研究

课程是对育人目标、教学内容、教学活动方式的规划和设计。幼儿教师教育课程是对培养和培训幼儿教师的育人目标、内容、教学活动方式的规划和设计，是幼儿教师培养计划、培养内容和实施过程的综合。

（七）幼儿教师教育者研究

幼儿教师教育者研究的内容主要包括对幼儿教师教育者身份的研究和对幼儿教师教育者专业发展的研究。

（八）幼儿教师教育信息化研究

当今社会是信息化的社会，幼儿教师教育跟信息之间的结合越来越密切。信息技术的发展改变了教师教育的空间布局，这在很大程度上节约了成本，提升了效率。而如何在幼儿教师教育中运用信息技术的问题，目前仍然处于争论中。在这场知识爆炸的信息社会中，幼儿教师教育该走向何方，如何将信息技术运用于幼儿教师教育等一系列问题，都需要研究者进一步加以研究。

二、幼儿教师教育研究的策略

（一）转变观念，更新角色

研究不是领域，而是一种观念、一种方法。幼儿教师进行教育研究，不是像专家一样专门去搞研究，而是在幼儿园教学活动中能够敏感地发现问题，并能针对问题积极主动地反思自己的教育教学行为，吸收教育科学理论和同行经验，探索研究提出新的切实可行的改进方法。通过参与教育研究使幼儿教师成为具备研究问题的能力的教师，在研究中教师角色会更新变化，教师不仅是知识的传递者，也是知识的创新者。

（二）学会利用资源

每周召开一次教研组交流会，在交流会上倾听教研组长的理论讲述，同事之间相互沟通、相互合作，使教研组真正地成为一个研究性的共同体。在研究过程中，一个班遇到的难题，就是整个教研组遇到的难题，大家需要群策群力，积极参与问题的解决。

（三）学会记录，学会整理

如果说收集资料是幼儿教师进行研究活动的基础，那么学会记录就是幼儿教师进行研究活动的保证。有效的活动记录不仅能生动地再现实验中师生的互动，也为以后研究活动总结提供了必要的研究材料。那么，怎样记录才是有效的呢？例如，某位教师回忆道："刚进行研究时，记录以'流水账'的方式。辛苦记录的东西利用价值却不大。随着研究的不断深入，加上专家指导，我们学会了活动记录，记录教师和幼儿的共同活动，真实反映教师是如何进行教学活动的，幼儿在活动中如何探索的，探索时如果遇到问题，教师是怎样解决的。只要我们用心去体验，仔细去分析，认真地记录，在一段时间内我们就会用我们的笔，生动地再现师幼互动的过程。"①

在研究过程中，资料的整理相当重要，有助于幼儿教师对整个活动过程进行反思和日后工作的改进；有助于专家、同行对研究工作进行指导；有助于家长了解幼儿的活动状态。在教育研究中，幼儿教师们逐渐

① 贺记珍．幼儿教师教育研究能力的提升路径研究[D].太原：山西大学，2021.

摸索出一套自己整理资料的方法。

(四)学会评价,学会总结

教师的评价、总结是自我完善、提高的过程。例如,某位教师是这样总结的:“在第一轮行动研究中,我们只把自己多年的家长工作经验整理记录出来,在阶段总结中,教师才谈谈自己的想法和收获。在经历了两次的行动研究后,我们会对每次的实践活动进行反思。活动前、活动中、活动后,总结研究有什么问题,集体反思后重新修改行动研究方案,展开新一轮研究。”[①]

第三节 幼儿教师教育研究的常用方法

一、理论思维能力:明确教育研究的范畴

培养幼儿教师发现问题、分析问题和解决问题的能力,是提高其理论思维能力的目的。理论思维能力提高了,教师就能在日常工作中增强科学性、预见性、主动性和创造性,更好地解决教育教学实践中遇到的问题。

(一)通过对话多元化特征,让教师学会多元思考问题

首先,渠道多元,就是除小组研究讨论外,在“互联网+”背景下,教育研究模式要开辟更多高效、接地气的对话渠道,让教师主动对话。其次,主体多元,就是教育研究以教师为主体,同时要以专业研究人员为合作伙伴,共同开展教育研究工作,以使研究更有深度。最后,就是探讨问题角度的多元,让教师学会从多个角度去剖析问题、运用策略解决问题,进而养成良好的思维和实践品质,达到促进教师专业成长的目的。

(二)通过园本教研活动促进幼儿教师专业化成长

实践证明,通过园本教研活动促进幼儿教师专业化成长是一条非常

① 贺记珍.幼儿教师教育研究能力的提升路径研究[D].太原:山西大学,2021.

有效的途径，是提升幼儿教师教育研究能力的有效手段。教师的个人教育知识越丰富、越优质，教师专业发展的水平就越高。

1. 知识内化为实践智慧

将教师在园本教研过程中学的知识内化为自己的实践智慧。如幼儿园通过教研活动总结出“幼儿园常规教育策略”，当教师认可这些策略并把这些策略应用于实践时，就实现了创新知识个体化的过程。

2. 教育经验向教育知识转化

教师通过编码、写作等促进教育经验向教育知识转化，使自己的教育专业知识得到升华，从而提升自身的研究能力。例如，教师在实践中发现，让幼儿通过亲身体验去发现制定规则的必要性进而自觉遵守规则的效果，要远远好于强行让幼儿遵守规则。当教师运用书面文字或口头转述把这个发现归纳出来时，教师的教育经验也就转换成了教育知识。

二、创造和动手实践能力：提升研究活动的实效性

（一）通过多种形式，激发教师参与积极性

1. 通过抢答竞赛的形式，加深对教育研究主题的理解

在抢答、动手操作及阐述理由的环节中，教师们都在思考和讨论，并把自己视作教研的主体参加到教研活动中。

2. 通过赞美时刻，分享自己或身边人的小妙招，实现经验共享

隔周一次的教研活动，每次结束时，请教师结合自己和周围同伴的工作情况，用赞美和发现优点的眼光，发现自己和周围人的优势，树立每位教师的自信心，实现自我价值。

3. 教育研究活动新方式

教研活动打破组长主导的“一言堂”模式，应开展多种形式的教研活动。

(二)选择适宜的活动形式,提升教师研究能力

1. 通过全体参与,转变为“基于教育的教育研究”

研究活动在定时间定地点的基础上,还要定人员,要自始至终让每位教师参与到教育研究活动中,重心一定要从一名教师转移到如何让每一名教师主动参与进来,要善于发现和理解现实中的教师,把教育研究作为满足他们学习需求和自我发展的平台,帮助他们开发自己的潜能,把“要教师参加教育研究”转变为“基于教育的教育研究”,从而让每位教师的专业发展和表现的空间足够大。

2. 通过组员对话,分析解决教师热点问题

全体组员就教育研究核心问题进行对话、讨论,是一种合作—互动式的研究;而组员之间的交流使得原来为个人所有的经验、观点成为一种共享的资源。在对话式教研中,每位教师都本着“积跬步以至千里”的态度来畅所欲言,启发、提示每个人从更多的角度考虑问题,进而思考、重构和扩展自己的经验和理论。

三、协作研究能力:为研究提供有效的支持

(一)学会向同事学习

在参与幼儿园组织的教学观摩活动中,可以直观地向同事学习自己欠缺的知识,从而丰富自己的专业知识。例如,在班级管理中有些教师会使用“忽略法”,而不是直接批评幼儿的错误,这种方法既让幼儿意识到了自己的问题,又避免伤其自尊心。通过讨论,其他教师认为这种做法更符合新理念所倡导的“尊重幼儿”的原则,并提出会把这个做法应用到他们以后的工作中。这就是“社会化”的过程。教师在听课、评课、观摩等交流、共享的过程中,可以学到一些以前不知道的知识,从而增加自己的专业知识。

(二)学习共同体的“支架”作用

当对一个问题百思不得其解时,因他人的一句话或一个词语会茅塞顿开;有时候想问题会不自觉地钻牛角尖,旁边人们给予一个不一样的

解读,就会另辟蹊径,问题就会迎刃而解;当理解没有深入,别人说了一些话,就会引起新思考。这就是学习团体的支架作用,在这样一个团体里,它会增长见识、拓宽思路、弥补缺陷,使优势最大化。

第三章　幼儿教师教育课程体系的构建

百年教育，贵在师道。我国幼儿教师教育发展已深入人心，成为时代的主流，职前教育作为幼儿教师教育改革的主要阵地、幼儿教师培养的主渠道，应挑起对幼儿教师教育课程改革监控的重担。只有遵循幼儿教师专业发展规律，在职前教育阶段只有开设满足幼儿教师的需求和未来发展的幼儿教师教育课程，才能培养出高素质的幼儿教师，并促进幼儿教师的专业发展。本章就对幼儿教师教育课程体系的构建展开分析。

第一节　幼儿教师教育课程的内涵

一、课程

"课程"一词历史久远，我国古代教育家朱子最早提到了"课程"一词，英国教育家斯宾塞（H. Spencer）对课程进行了界定，随着对课程探究的深入，对其理解也逐渐丰富化。譬如，美国塞勒（Saylor）对课程进行深入研究，将课程分成四种，包括科目和材料、经验积累、活动目的、实施方案。[①]

有的学者则从实施的层面出发，其中具有代表性的学者古德莱德（Goodlad）把课程分为五种课程，分别是理想课程、正式课程、理解课程、实施课程、经验课程。[②]

施良方把课程进行归纳，认为：课程就是学科，课程要有活动方案，课程就是活动的结果，课程就是经验的归纳，课程就是再生学习，课程

① 李定仁，徐继存．课程论研究二十年[M]．北京：人民教育出版社，2004.

② 同上．

就是发展性内容。[①]

由此可见,当前关于课程虽没有统一的定义,但可以从中提取一般定义,即有关课程的共同特征。《中国大百科全书》(教育卷)对课程进行定义,将课程分为两种,广义的课程和狭义的课程,前者是指学生在校学习期间所习得的知识,其中包括有针对性的学科、教学及进度、课外课程以及校园环境陶冶;后者是指各级各类学校为完成所设定的目标,而展开的一系列活动,包括学科内容的选择、范围及活动。而狭义的课程概念普遍受到认可,因此,本书主要从狭义的课程来探讨。

二、教师教育课程

教师教育是一个连续不断地接受教育的过程,可将其细化为任职前的培养、任职时的培养以及任职后的培训。本书主要聚焦于任职前,即在没有成为正式的教师的职前教育阶段,教师职前教育通常要完成大学或者学院等机构的学业并考核合格,直至取得教师资格证才能"上岗"。

职前教育所接受的课程就是教师教育课程,这种课程主要分为两种,即广义的课程与狭义的课程。前者是指学生在成为正式教师前,要进行各科目的学习,包括广博的文化知识、专业的理论知识以及教学技能技法的内容。后者所涉及领域相对较小,只针对师范性和实践性的学科内容。本书主要采用更具全面性的广义的课程,狭义课程虽更具有针对性,但范围过小,不便于建立完整的知识框架。

三、幼儿教师教育课程

幼儿教师教育主要指幼儿教师在"上岗"前所接受的教育,为针对3—6岁的儿童的教育培养"未来师资"。在英国,对于幼儿教师教育的定义是幼儿教师在没有正式任教之前,在学校内接受系统的师范教育内容。幼儿教师教育课程是为培养合格的幼儿教师所需要的全部学科课程,一些学者将该领域的课程划分为三个部分:有广博性的课程、教育

① 施良方.课程理论——课程的基础、原理和问题[M].北京:教育科学出版社,2003.

性的课程、学科专业性的课程。[①]

还有一些学者将课程进行细化，划分为五个方面，主要包括广博性的课程、师范性的课程、实践性的课程、理论性的课程以及专业性的课程。[②]

第二节　幼儿教师教育课程设置的现状及成因

一、幼儿教师教育课程设置的现状

（一）幼儿教师课程理解的滞后性

随着课程改革的推行和教师培训的开展，新的课程理念在很大程度上被教师了解和接受，教师的课程观念也都发生了一系列转变，但仍然有不少教师对课程的认识带有传统课程观的印记，主要体现在以下几个方面。

1. 课程内容即教材

课程内容即教材是我国 20 世纪 50 年代“课程即教学科目”的重要表现。将课程内容看作教材的取向，是基于将课程内容看作向儿童传递知识的观点，知识的传递是以教材为依据的，[③] 所以，课程内容自然被看作是教材。而知识取向的课程内容观是课程即教学科目的具体表现形式。我国在 20 世纪 50 年代学习苏联的教育，采用分科教学的课程模式，课程被看作教学科目。1952 年教育部颁布了《幼儿园暂行教学纲要》，规定了幼儿园教养活动的各个科目及其各科目的教育纲要，这些科目就是当时的“课程”。这种分科课程强调的是从学科体系中抽取部分适合幼儿需要的知识，并按照学科的基本逻辑对内容进行组织，是一种典型的知识取向课程，关注的基本问题就是向幼儿传递知识，所以，教材就

---

① 田学红．我国“教师教育课程”的改革实践及其思考 [J]. 教育研究与实验，2009（3）.

② 李其龙，陈永明．教师教育课程的国际比较 [M]. 北京：教育科学出版社，2002.

③ 朱家雄．幼儿园课程 [M]. 上海：华东师范大学出版社，2003.

成了课程内容的载体。教材确实在一定程度上为活动的开展提供了一定的抓手,从教材中获取课程内容是一种选择课程内容的方法,但是,教材上的内容并非幼儿园课程内容的全部,也绝不是课程内容的唯一来源,这种做法严重忽视了幼儿在生活活动中的直接经验与情感体验。

2. 课程实施是忠实于预定计划和目标的过程

课程实施是忠实于预定计划和目标的过程,这一观点是20世纪五六十年代我国计划经济体制课程管理模式的产物。①《幼儿园暂行教学纲要》中明确指出,幼儿园领导者要根据纲要的要求系统地制订年计划,然后全体人员根据年计划制订月计划,并报上级批准,最后教师要根据这些要求来拟订每天的安排,且在按照计划进行教学时,要严格地监督、检查,保证计划的完成。在这种确定化、标准化的课程计划下,课程内容是确定的,任务是固定的,甚至于教师要做的每一件事都是事先规定好了的,教师只需要按部就班地完成课程计划,引导幼儿完成达到预定目标就可以了,所以,课程实施的过程就是重现事先设计好的材料的过程。1982—1983年,全国使用统编教材,这种全国统一的课程计划和统编教材使得教师习惯于思考如何尽可能地按教材组织教学,反映编写者的意图。这种计划性虽然在一定程度上增强了教学的规范性和系统性,但也忽视了教学过程的情境性、生成性。直至20世纪80年代以来的课程改革,尤其是在瑞吉欧方案课程的影响下,才开始注重预设课程和生成课程的统一。我们提倡课程创新并不是希望教师都抛弃原有的计划重新开始,而是希望教师能关注幼儿的声音,不要把教育活动变成一个机械的展示活动,避免幼儿在活动中走马观花。但当前教师仍然认为教育活动的实施是一个实现预定计划和目标的过程,并在教学中充当了一个矛盾的个体,当幼儿的兴趣和需要不符合原定的计划时,教师选择视而不见或者用许空愿这样的方式压下幼儿当下的兴趣与热情;而当教师预设选择的内容不符合孩子的兴趣时,教师往往又想方设法地吸引幼儿的兴趣。这使得教师的课程实施成为一个展示计划的过程,而且搁置了幼儿的兴趣和学习的愿望。

① 王春燕.中国学前课程百年发展、变革的历史与思考[D].南京:南京师范大学,2003.

（二）幼儿教师课程理解的浅表性

尽管当前教师对幼儿园课程的不同方面有一些合理的认识，但这些认识往往是宏观、笼统的，有的多处于一种知识层面，在对课程问题进行具体分析与解读时，往往缺乏准确性、矛盾性和片面性。

1. 对“课程源于生活”理解的片面性

很多教师认同生活是课程内容的主要来源，这就意味着课程内容的选择要充分结合幼儿的现实生活，变关注文本教材为关注幼儿的生活、经验和兴趣需要，积极从幼儿现实的生活中开发课程资源与内容。但是大部分教师又认可和遵从“活动内容即教材”取向，在这矛盾的理解背后是教师对“课程内容来源于生活”理解的片面性。一部分教师认为，只要书本上有生活的内容，就表示课程源于生活，现在教材中的内容基本上都是来自幼儿生活的，也都是很贴近幼儿生活的，如一些传统节日、安全之类的；还有一部分教师将生活化理解为用生活中的形象来呈现。这些狭隘的生活化理解缩小了课程内容来源于生活的真正内涵与用意，使得教师仅满足于文本或者是物品所呈现的生活化的内容，未能关注幼儿真正的生活，未能从幼儿生活中开发和选择课程内容。

2. 对生活活动理解的狭隘化

生活活动、游戏活动和集体教学活动构成幼儿园的三大主要活动。生活活动之所以成为幼儿园课程的重要组成部分，一方面是因为生活习惯和技能本就是幼儿学习的重要内容，另一方面是因为生活活动中隐含着教育契机。结合问卷以及教师的访谈发现，当前仍有很多教师对生活活动的理解存在误区。

首先，一部分教师认为生活活动主要就是生活习惯和技能的养成。在问卷中仍有不少教师认同“生活活动主要是生活习惯和技能的养成，不属于幼儿园课程”的观点。这种看法的典型观点就是，生活活动作为课程只是对小班幼儿而言，对中大班幼儿来说就不是课程，生活活动对小班来说是课程，小班主要还是以学习自理能力，如穿脱衣为主；对中班来说就不算是课程的，因为他们的自理能力已经逐渐形成了，就没有必要把过多的时间浪费在这个方面了，可能有些孩子某方面比较差，教师可以抽时间教他们一些；对大班来说也不是课程了，这种对大班孩子来说太简单了,就不用再花费大量时间在那些环节了。因此,生活活动是一门课程就主要体现在小班。教师把生活活动等同于生活习惯和技能练习的认识容易使生活活动中一些教育契机被忽视,也割裂了幼儿生活与学习的联系。

其次,生活活动等同于常规、秩序、安全,很少能与各个领域的内容结合起来。教师对生活活动中的教育契机的认识多是集中在安全或者规则教育中,与其他领域内容结合较少,集体课和生活活动都是幼儿园课程,集体课主要是学习一些常识性问题,对颜色、数字的认知,这些是需要系统地指导的,生活活动的话就主要是常规上的一些问题,如礼节问题等,生活活动是课程,主要是秩序的养成,对后期活动秩序的开展具有重要的作用。教师将教育活动中五大领域的内容与幼儿园生活活动割裂开,这就必然导致生活活动中随机教育内容的单一性,在一定程度上削弱了生活活动的价值和意义。

3. 对课程评价理解的片面性

首先,表现为课程评价目的理解的片面性。课程评价贯穿在整个课程设计与实施的全过程,在不同的阶段有不同的目的与作用。课程设计前,评价目的在于把握幼儿的发展水平,选择和设计适宜的课程方案;活动过程中教师也需要根据开展情况对活动情况进行评价,不断调整原来的活动计划,使课程更适合幼儿的需要;活动实施后通过对实施效果进行评价,以检验目标的达成程度。大部分教师认为课程评价可以诊断问题,完善发展课程以及检验目标的达成度,仅有一小部分的教师认为课程评价能帮助教师选择适宜的活动方案,也就是说很少有教师能理解评价的目的与作用。这反映的不仅是教师对课程评价目的理解的片面性,更是对课程评价本身认识的片面性。

其次,教师对课程评价内容理解具有片面性。课程评价应该是一个涉及课程方案本身、课程实施过程、课程实施效果等多方面的综合评价,这样才有助于综合全面地把握课程,对课程进行价值判断。一些教师认为课程评价就是对幼儿发展的评价,教师在进行活动评价时也是将幼儿的发展作为课程评价的主要内容,但对活动方案本身以及教师教育教学行为等考虑得较少。幼儿的发展状况是课程实施效果的直接体现,而幼儿在活动中的状态以及教师的教育教学行为等则反映了课程的实施过程。由此看来,在很多教师眼中,课程评价主要是对课程实施效果,即对幼儿发展做出评价。教师们对此解释道,幼儿的发展是课程的主要目标,无论是课程方案还是教师的指导,最终指向的还是幼儿,所有的评价都是为了幼儿,幼儿的发展才是最关键的。片面地将课程评价等同于幼儿发展评价,既容易使教师忽视幼儿学习经验,也容易使教师忽视对活动方案本身、教师自身等其他因素的反思。

(三)幼儿教师课程理解的自觉性不足

1.依赖教材,忽视对幼儿生活的关注

幼儿园课程生活化的实现以教师课程主体性发挥为前提,这就要求教师积极关注幼儿的生活,以幼儿发展目标为指引,从幼儿的生活中挖掘、开发课程资源。但通过调查发现,教师的课程主体意识不强,还是较多地依赖于教材,忽视对幼儿生活的关注。

当前幼儿园活动的内容中自上而下地统一安排居多,而教师根据幼儿的兴趣和需要确立目标、选择内容的活动较少。教材是教师活动内容选择的主要来源,而幼儿园统一安排的活动也占了不少的比例,虽然这两次活动是基于幼儿生活产生的,但还是来源于幼儿园的统一安排,而非教师个体的主动选择。所以,总体来看,当前幼儿教师扮演的仍然是课程的执行者的角色,缺乏对幼儿生活的关注和课程资源的开发意识。

2.活动设计的教参化,缺乏对教材的适宜性调整

教师的时间、精力和能力决定了教师不可能完全脱离教材去从头开发新的课程,但是即使再好的教材,也需要根据实际情境不断补充、调整、完善,进行“二次加工”,增加缺失的必要内容,调整与幼儿经验不相符的内容。当前,仍有一些教师在面对教材时遵循拿来主义,把教材当作“罐头式”的方便食品,不经加工,开封即食。

首先,在确立课程目标时,教师缺乏根据本班幼儿的实际发展水平对教材目标进行调整与改进的意识。尤其在年轻教师中体现得更为明显,他们更倾向于认为教材上的目标是科学的,不用调整,关注的重点在于如何实现教材上的目标,缺乏根据幼儿的实际情况对目标进行适宜性调整的意识和能力。

其次,对教材内容的处理缺乏理解与对话。一般来说,同一个幼儿

园的教师不仅课程安排是一致的,而且具体的活动设计也无大的差别。

（四）课程观念与课程行动相脱节

教师课程理解的主要载体是教师的课程观念和课程行动。教师对课程的认识和看法首先体现在观念层面上,而课程的观念是教师课程行动的内在依据和基础,所以观念和行动之间具有一定的一致性。只有在实践中去考察教师的课程理解,才能了解到教师是否将对课程的理解真正地内化为自我的观念,并切实地指导课程实践。

1. 观念中的“情感态度目标”与行动中的“知识技能目标”

在关于课程目标结构的理解中,几乎所有的教师都赞同要从认知、情感和能力方面来制定,也有很多教师在访谈时表达了对情感态度目标的理解和认可。比如说,在语言活动中,我们就要让孩子们主动去说,勇于去表达,在科学活动中培养幼儿的兴趣和探索欲,这些对孩子们来说都很重要。大多数教师的教案也基本上都是从知识、情感、能力三方面来设计的。但是,深入教师的教育活动中会发现片面追求知识、技能目标的达成,导致情感态度目标被虚设的情况十分普遍,使得情感态度目标成为一种表面化的文字工作,却得不到真正的落实。

2. 观念中的“间接指导”与行动中的“直接指导”

绝大多数的教师认为,为幼儿提供可操作的学习环境,让幼儿在与环境的互动中进行学习是最为适宜的,说明大多数教师能够意识到幼儿学习的主体地位,幼儿有时候自己就能做得很好,教师其实就是在他遇到困难的时候提供一些帮助。但是,通过研究教师在开展教学活动时使用的教学方法发现,语言讲解和提问是当前使用频率最高的教学方法,操作和同伴影响这一方法使用的频率最低,说明当前教师使用的仍然多是直接的指导方式,主动为幼儿创设活动环境、支持幼儿主动操作、探索和交往的频率不高,与教师的观念脱节。

二、幼儿教师教育课程设置问题的成因

幼儿教师课程理解存在着滞后性,浅表性、教师课程主体的迷失、观念与行动脱节等问题,究其原因是多方面的,分析教师理解课程的条

件，将其归结为有以下三个方面：幼儿教师专业自主发展素养薄弱，幼儿教师理解课程的专业支持不足，文化因素的制约。

（一）幼儿教师专业自主发展的素养薄弱

教师专业自主发展是指教师能够通过自身主动地学习与实践，对自身进行持续的反思、改进与完善的过程。教师专业自主发展意味着教师对自己的专业发展负责，教师个体的自觉性、主动性和创造性是专业自主发展的核心。[①]

当前，幼儿教师普遍缺乏专业自主发展的素养，这极大地影响了幼儿教师在专业发展中的主动性和创造性的发挥，也影响了教师理解课程的自觉性和效果。

1. 教师缺乏自主学习的意识

首先，教师多习惯于听从幼儿园的要求与安排，很少主动地要求自身专业的发展，在很多教师看来，只要自己能够应对当前的实践就可以了，不必再去寻求新的发展。所以，教师在日常的生活中很少主动去寻求发展的资源，即使是参与一些课程的培训活动，也是应付公事而已，难以取得理想的效果。如当前幼儿园开展的公开课，其目的是促使教师通过磨炼不断成长，提升自己的专业能力，但大多数教师却将其认为是上级领导安排的工作任务，或者是评职称、加薪的砝码，没有和自己长期的专业发展建立起联系，这种被迫的或者是功利化的参与在一定程度上影响了学习的效果。

其次，教师缺乏主动交流与合作的意识。主动与其他教师进行交流和互动是教师寻求自主发展的重要体现。在日常的课程实践中，教师不愿主动将自己的问题和困惑与同事交流，也不愿意接受他人的意见和批评，甚至处于一种防御的状态。每个班级关上门就是自己的家，教师囿于自己的一方天地，很少主动与其他教师交流，即使遇到问题也仅限于与本班教师进行商讨，很少主动去寻求其他教师的帮助。这种出于便利而进行的个别交流、合作，虽然能解决部分问题，但力量毕竟是有限的，有时候还需要倾听他人的声音，只有不断地与其他教师交流与合作、对

① 徐君．立足自我：教师专业可持续成长的最佳选择[J]．课程·教材·教法，2008（2）．

话与协商，教师才能接触新的观念，意识到自身的不足。

2. 教师缺乏反思的意识

首先，教师缺乏对当前专业发展状态的认识与反思。很多教师认为自己的认识和能力足以应付当前幼儿园课程实践的要求，至于新的课程理念是什么，或者自己和新的专业发展之间有什么差距，教师很少主动去关心。

其次，教师缺乏对日常课程行为的反思，问题意识不足。有很多教师习惯了幼儿园日常生活的各个环节及其常见的问题，习惯和常识充斥在教师的课程实践中，这是教师对环境的一种适应性机制，但也使得教师安于现状，固守成法，想当然地看待课程实践中的一切存在，缺乏对教育契机的觉察与捕捉，难以发现日常生活中的教育契机，这必定影响教师对个体化课程的理解。

（二）幼儿教师理解课程的专业支持不足

1. 课程培训资源供给失衡

教师的课程培训是教师理解课程、走进课程、提高课程实施能力的一个基本途径，尤其在课程改革的背景下，课程培训对教师了解和践行新课程理念具有重要作用。而当前课程资源供给不均衡影响着教师对课程的理解，主要体现在培训机会的失衡以及培训内容的失衡。

首先，课程培训机会失衡。课程培训资源不均衡是造成教师课程理解差异性的原因之一，尤其体现在城区和乡镇幼儿园的对比中。城区幼儿园凭借着资源的优势给教师提供了众多外出学习、培训的机会，同时，有各种线上的培训与讲座，有些幼儿园还有给教师订阅学前的相关杂志，帮助教师了解最新的理论与实践前沿，教师学习的资源较为丰富。而乡镇教师普遍表示外出学习的机会相比于以前多了，但是仍然十分有限，普通的教师是没有出去学习的机会的，且学习的方式多是讲座和幼儿园的观摩，学习效果一般。相比于公立幼儿园，私立幼儿园更是面临着教师外部培训不足的问题。

其次，课程培训内容的失衡。当前大部分教师都能对课程理念有一定的认识和了解，但是未能将其转换为具体的课程行动，这与课程培训的内容只注重理论灌输、忽视教师个体体验有关。当前的一些课程培训内容与教师自身的课程体验存在较大的差距，使许多教师无从下手，所以不少一线的教师表示希望能获得一些关于实践方面的指导，这是当前教师学习中所面临的普遍困境。

2. 高质量的教研活动缺乏

教研活动是指在专业力量的引导下，基于特定问题开展的交流研讨活动，其不但有助于解决切实问题，提升教育质量，也给广大教师提供了交流互动的机会与平台，是教师专业发展的重要途径。对课程问题的研讨是教研活动开展的重要内容之一，也是提升教师对课程理解的重要方式。

有些幼儿园看起来内部活动环节紧凑，形式丰富，但更多的是一种教育流程的模仿，没有学习、改进和发展的意识。教师也很少有问题的意识，只需要按照课程计划完成教学活动即可。而那些加盟的民办幼儿园，有自己内部完整的课程体系和配套的教材、资源，幼儿园只需要听从总部的安排，对教师进行相应的培训活动，但很少组织教研活动，即使有教研，也多是观看加盟总部的培训视频，不是真正的交流研讨活动。

此外，教研活动的质量无法得到保障，缺乏平等对话的氛围与环境支持。一方面，在一些教研活动中，园长往往以"领导者"的身份参与教研，以一种自上而下的方式来管控教研活动，从自身角度来确立教研的主题与内容，忽视教师在日常生活中遇到的"真"问题，使教研活动内容脱离实践，无法发挥其真正的价值。所以，有些教师认为教研活动的主要目的是园长下达任务，而不是教师们交流研讨问题。这种单向传递的教研活动不但使教师的主体地位被忽视，教师成为任务的接受者和执行者，也使教研活动本身失去了为教师提供专业支持与引领的价值。另一方面，在教研活动中，骨干教师凭借着丰富的资历、经验成为教研活动的主力军，而其他的教师多因资历的约束不敢表达自己的想法，往往扮演着沉默者或者附和者的角色，教研活动就成为骨干教师的"一言堂"。这就使得骨干教师通过教研获得更多的发展机会，而处于教研边缘的教师则丧失了话语权，无法从教研活动中获得成长。

（三）文化因素对幼儿教师教育的制约

"文化从广义上来说是人类社会实践中创造的物质财富和精神财富

的总和，从狭义上看是指社会的意识形态以及与之相适应的制度和组织结构。”[①] 所以，文化不仅仅是观念层面的，也包括物质层面、人类实践行为及其成果层面的。幼儿教师不但生活在特定的社会情境中，受特定社会文化的影响，而且受特定幼儿园的制度管理文化、园本文化的影响。幼儿教师的课程理解受制于传统的课程文化、幼儿园“统一性”的制度管理文化以及家长的功利化教育文化。

1. 传统的课程文化的影响

传统的课程文化仍然影响着教师的课程理解。一方面，有些教师的课程观念存在着滞后性，仍带有传统课程观的印记。另一方面，传统的课程观以缄默知识的形式存在于教师的知识结构中，影响着教师的课程行动。教师的缄默知识是在个人经验基础上建立起来的，且不容易被教师察觉和明确表达，但会影响和决定教师的教育行为和教育实践的内隐性知识。

幼儿教师在接受新的观点之前实际上已经有了对课程的认识，而这些认识是基于教师已有的经历、经验和特定的文化环境所形成的，隐匿在教师的行动中，支配和干扰着教师的行为。

缄默知识是一种提高行为效益的资源，可以帮助教师在熟悉的情境下凭借经验快速解决问题，但如果教师的行为长期被缄默知识支配而不自知，容易致使教师的行为僵化，不利于教师的专业发展。当前，一些教师的观念和行为不一致，观念往往是正确的，但行为仍然是走的“老路子”，这往往是因教师缄默知识的干扰导致的，他们的行为不自觉地受传统课程观念的支配。如有些教师虽然在新的课程精神的指导下意识到教师应该为幼儿的学习提供物质环境和精神环境的支持，引导幼儿自主发现学习，但实践中却依然注重灌输、讲授和直接地指导。在对课程目标结构的理解中，虽然教师们都已经在观念上认识到要注重幼儿情感态度的培养，但一到实践中他们就忽视了情感态度目标。当教师接受和学习新的观念或者理念后，新获得的观念往往还处于“社会概念”层次，对教师的行为指导的作用较小，教师的行为仍然受原有的儿童观、学习观、课程观的支配，导致观念与行动的脱节。

---

① 辞海编委会．辞海[Z]．上海：上海辞书出版社，1979.

2. 幼儿园“统一性”的制度文化制约

教师关注并满足幼儿的兴趣和需要，以幼儿的兴趣和需要为出发点选择、设计和实施活动，这些都需要幼儿园给教师较大的自主权和弹性空间。

首先，幼儿园在课程管理的制度建设层面表现出统一性的文化样态，在一定程度上影响了教师主体性的发挥。有部分教师表示课程计划是幼儿园统一规定或指定的，从教材的选择、目标的确立到内容的选择都是由园长、主任和学年组长讨论制定，并统一发放到各个班级，教师只需要按照计划执行就可以了。这种统一性课程管理模式要求教师听从上级统一的任务安排，架空了教师的课程权利，长此以往会使得教师依赖于这种拿来主义，逐渐丧失自我思考、自我决策的意识与能力。

其次，教师自主安排活动的弹性空间不足也是幼儿园在课程管理中追求“统一性”的重要体现。管理者依据预先制订的计划和时间安排对教师的课程行动进行管理，在一定程度限制了教师自主性发挥。所以，教师在发现一些幼儿感兴趣且有意义的事件时，往往会将其搁置，教师对课程理解的实现需要给予教师一定的课程权利和自由实施的空间，但是在很多幼儿园中，周计划表和每天的时间表就像是一道无形的樊篱，限制了幼儿行动的同时也控制着教师的行为，促使所有的人必须在特定的时间做特定的事情，幼儿生活的完整性被刚性的时间表分割，这种刚性的计划与时间表限制着教师的想法与自由的课程实践。

幼儿园课程管理制度中的这种统一性文化体现的仍然是一种传统的科层制管理模式，这种统一的管理模式虽然有利于提高课程管理的高效性，但使得教师的特性、权利、潜能资源未得到关注与挖掘，使得教师在课程中的主体性、主动性和创造性缺失，进而限制了教师课程理解水平和层次的提升。

3. 家长的“功利化”教育文化的影响

课程远不只是师生实践的产物，也是家长、雇主和行政人员等人对教育是什么的观念的产物。作为非义务教育的一部分，学前教育的发展在很多方面是付费的，而家长付费的原则是以适当的费用换取适当的教育。所以，家长作为幼儿园的服务对象，其对学前教育的认识与诉求势必在某种程度上影响着幼儿园的教育理念、教育内容。在这种情况下，家长的诉求可能与教师的课程理解产生冲突,但教师往往会为了适应外界的需要而“妥协”,由此产生观念与行动上的脱节。

受我国传统的读书学习价值观和“不让孩子输在起跑线上”的功利化心理的影响,仍然有很多的家长认为幼儿需要大量学习知识。家长的这种教育诉求直接影响着民办幼儿园的课程设置,我们会发现一些民办幼儿园或者集团办园会开设英语课、珠心算、读经、拼音等一些违背教育规律的课程以迎合家长的需要,而教师自然也需要为家长的消费服务。虽然公办幼儿园也面临着家长教育观念不一致的问题,但是公办幼儿园一般受家长的影响较小,因此很多家长就在幼儿园之外补报很多的兴趣班、辅导班来对孩子进行“补偿教育”。

民办幼儿园与家长之间首先是一种服务关系,然后才是一种教育与受教育的关系。家长的满意度影响着民办幼儿园在激烈竞争中能否存活下去,他们需要依赖家长的宣传来扩充自己的生源,所以势必会迎合家长的需求。可以说,大部分家长都希望孩子能多学一些知识、技能,不让孩子输在起跑线上,这种教育期望影响着幼儿园(尤其是民办幼儿园)课程内容的设置,教师自然也会在家长重知识、重技能的影响之下,适应外界的要求。

第三节　幼儿教师教育课程改革的策略

幼儿教师对课程的理解既需要外源性的专业支持,也离不开教师的内生自觉,这种觉醒主要体现为教师个人专业发展意识的觉醒。除此之外,我们还需要优化幼儿教师课程的文化环境,为教师理解课程提供良好的环境支持。因此,我们将从激发教师内生自觉、提供外源性专业支持、优化教师课程三个层面来提出具体的支持策略。

一、提高幼儿教师专业自主发展的素养

专业发展的自主意识不但促使教师主动、自觉地调整、改造自身的

知识结构、心理状态和行为方式，以此来适应教育与社会变化的需要，也促使教师不断积累实践性的知识经验，提高自我发展的素养。

(一)唤醒自我意识，提高课程理解的自觉性

自我意识是个人发展的主体，是教师实现自主发展的前提与基础。独立的自我意识有助于提高个体发展水平的自觉性，在增强教师自身专业发展责任感的同时，确保教师专业发展的自我更新，为教师自觉、主动、创造性课程理解提供内在动力。自我意识是一种人格，“人格获得的力量和深度越大，理性获得的自由越多，人就可以更多地理解世界，他在自身之外就可以创造更多的形式”①。具有自我意识的教师会清晰地知晓自我的存在，会对课程与教学生活进行全面审视，将课程实践作为自我的生活方式。所以，幼儿教师要不断提升自我意识，从而提升课程理解的自觉性。

教师要明确自身的专业地位，建立积极的职业认同感，树立坚定的职业信念。积极的职业价值和认同有助于教师保持乐观向上的工作态度和不断进取、学习的欲望，所以，幼儿教师要认识到幼儿教师职业的价值、意义与重要性，建立起对自身职业的价值认同。坚定的职业理想为教师专业发展提供了动力和方向的引导。教师要认识到自己应该要做什么，现在在做什么，并将目前的专业发展水平、状态和以后要达到的专业发展目标结合起来，以使专业发展的目标能支配和引导教师现有的行为。坚定的职业理想也促使教师不断审视自身专业发展存在的问题，通过不断学习主动改善和调整自己的专业发展方向，促进教师在专业发展过程中的参与性与持续性。

(二)立足幼儿园实践，寻求自主发展

教师要以幼儿园的现实条件和实践为依托，为自己创造学习的机会和空间，并具有更新课程知识能力。

首先，教师要主动参与课程的培训或者研讨活动。外部的专业支持和引领只有在教师的认可、主动参与下才能有效发挥作用，但如果教师将这些研讨或者培训活动当作幼儿园的强制要求或者走过场，学习的效果就无法得到保障。因此，教师要积极利用幼儿园提供的各种资源与平

---

① [德]席勒著，徐恒醇译．美育书简[M]．北京：中国文联出版公司，1984.

台进行主动学习，认真观看各种网上的专家视频讲座，翻阅幼儿园为教师订购的相关期刊来开阔视野等。

其次，教师要改变自身的防御意识，走出个人文化倾向，积极主动与其他教师进行交流与合作。有些教师不愿将自己的问题和困惑与同事交流，也不愿意接受他人的意见和批评，教师要认识到这种防御意识会阻碍彼此之间的交流、对话与学习，不利于个体的发展和进步。

教师应该树立起合作学习的意识，通过合作，自己不但可以从他人的实践或者经验中获得新的认识，而且他人批评指正的过程也是自己深入思考和进步的过程。任何人都会有问题和疑惑，成长就是由不了解到了解的过程，所以教师不但要勇于提出自己的问题和困惑，也要虚心接受别人的意见，只有这样，才能使交流合作成为一个互惠的过程。

（三）践行课程反思行动，提高教育敏感性

正如古希腊哲学家苏格拉底所言，“不经过思考的生活是不值得过的”，人只有通过自觉反思与批判才有可能发现生活中的困境和问题，达到对现实生活较为全面的理解。反思，是指行为主体立足于自我之外，批判性地考察自己的行为及情境的过程。它不仅是个体的行为方式，也是教师理性的态度及其思维方式的体现，是教师课程理解的关键因素。

首先，教师要对自己的课程实践生活进行全面的反思。对课程实践生活进行全面反思有助于深化教师对课程情境和问题的理解，提升对教育情境的察觉、判断和领悟能力，使教师对活动情境始终保持一种警戒与感受，敏锐做出反应，从而把握课程的动态，抓住教育契机，这种教育的敏感性正是教师个体化课程理解的基础。同时，反思还有助于教师将内隐于日常教学行为中的经验、情感和价值观等变为显性，使教师摆脱个人经验的无意识支配，有助于教师观念与行动的一致性。

第一，教师要反思自己实践经验，及时对实践经验进行总结和深化。实践的知识和经验则是教育敏感性产生的助推剂，因为教育的敏感性是产生于具体情境中的，对情境、资源的敏感性依赖于教师丰富的实践经验，如果教师常常关注并熟悉这些教育情境，这种心理体验活动的不断重复便会让自己对这些相关情境和事物的反应及感知变得更加细腻和深刻。

第二，教师要对日常授课进行反省，如课程实施过程中的模式或者方法，虽然一定的模式与方法有助于增强活动开展的规范性，但也会固

化教师的思维，阻碍个性化理解。

第三，教师要反思自己的课程是否贯穿于活动设计、设施的全过程。如在采用教材或者某个活动方案时，教师要考虑为什么采用；在活动过程中观察幼儿的状态、行为表现，判断活动设计是否适合幼儿的需要；活动结束后要评估是否达到预期，幼儿在活动中是否发生了变化等。

其次，教师要综合利用多种反思方式，拓展反思途径。与自己对话，自我反思。有时候反思不一定要落实到纸面上，只要能够引发自己的思考和有所启示，便是有效的反思。反思并不只是一个人埋头空想，有时候在与其他人的互动中，也能有所收获。具体来说，我们可以通过以下途径来进行反思。

第一，撰写反思日记，以写促进反思。如教师活动后的反思或者小结，课后的自我评价也是最为常见的反思形式。

第二，利用教学录像进行反思。通过录音或者录像的方式将自己的教学行为记录下来，之后反复观看，能够让自己以一种独特的视角来审视自己的行为，发现日常生活中所不能察觉的问题，这是教师自我反思的重要途径和形式。

第三，在集体备课、观摩活动等对话活动中进行反思。与其他教师对话交流就是学习的过程，也是自我反思的过程，每位教师在与他人对话交流过程中，会看见他人的课程理解，进而引发自我审视与思考，在对比中看见自己的“不理解”。

二、完善幼儿教师课程理解的专业支持机制

外源性支持是教师课程理解的基本途径之一，这种外部的支持不但有助于教师获得关于课程的规范认识，并在教师将理论转化为实践的过程中起着重要的作用。因此，要通过提供优质的课程培训、建设课程理解的共同体、专家引领等方式完善幼儿教师课程理解的专业支持机制，从而引导教师的课程理解。

（一）合理配置培训资源，优化培训内容与形式

首先，政府部门要合理配置培训资源，保障教师培训机会均等。培训机会的不均衡导致培训资源无法满足部分教师的发展需求，尤其对于乡村幼儿园来说，学习资源和机会的匮乏在一定程度上影响了教师对课

程的认识和了解。为此,政府要发挥作用,合理分配培训的机会及其资源,并倾向乡镇、农村地区,保障绝大部分幼儿园和教师能够有了解、学习课程新理念的机会,这是课程培训最基本的要求。

其次,很大一部分农村的幼儿教师没有接受过正规的职前教育,并且文化层次和专业能力不高,有很多教师属于转岗教师,所以在对这部分教师培训时,应该有其特殊性。如培训教师偏向一线教师或者园长,因为他们丰富的实践性知识更有助于让教师们理解;培训内容既要注重观念的改变,也要注重实用技能的培训;培训地点采用外出培训和园本培训相结合等。

最后,改进课程的培训制度,优化培训内容和形式,切实提高培训的效果。帮助教师发展起内化课程观念的自觉意识,以及将观念转变为实际课程行为和能力的方法与思路。另外,需要对课程培训的方法进行改进,减少"我讲你听"的单向传递式讲座,多运用一些双向互动式的形式更能有效激发教师的主体参与意识,如亲身实践、现场观摩、小组研讨、录像分析等方法。如果通过培训使教师能够自主地对自己的实践进行反思,那么教师将由一个被动的知识接受者变为主动的参与者和学习者。这样,不但有助于激发教师以主体的身份积极思考、投入课程的培训活动中,而且还有助于教师对其自身素质的整体状况有较为明晰的认识,使外部培训与自我发展相结合,只有这样,才能使教师的课程理解与实践能力不断提升。

(二)提供交流互动平台

教研活动从本质上就是一种学习交流互动平台,教师们在教研员或者园长的领导下围绕某一问题展开交流研讨,在切实解决问题的同时,也成为教师专业成长的重要途径。教师的课程理解也需要借助教研活动的形式来不断提高与深化。

首先,地区教研员牵头开展以幼儿园课程为主题的区域教研活动。区域教研是以提升幼儿园教育教学质量为目标,通过片区内各个幼儿园联合行动来开展教研活动的一种组织形式,打破园间壁垒,拓宽对话与交流的视野,促进多元思想火花的碰撞。地区教研员要根据本地区的特点选取适宜的教研形式,定期开展教研活动,如以幼儿园课程为内容的课题研究或者研讨、区域性的幼儿园课程讲座、进行区域内的评课评比活动、园所之间的参观活动等,促使幼儿园之间开展关于课程的探讨和学习，并进行成果的共享。这些措施在提高幼儿园整体课程理解的同时，还有助于通过幼儿园之间对话交流和教育资源共享，缩小发展的差距，从而促进区域内幼儿园教育质量的提升。

其次，幼儿园自身要建立起开放的园本教研制度，开展多样化民主对话活动。园本教研是幼儿园利用自身的资源，针对自身教育教学实践中面临的问题所开展的一系列交流、研讨活动，教师是园本教研的主体。园本教研既是解决幼儿园实际问题的途径，也是教师专业成长与发展的重要平台。通过借助教研活动这个平台，教师在对比中更容易看到自己的不足，年轻教师可以学习骨干教师的经验与智慧，骨干教师可以在与年轻教师的交流中吸纳新的思想，重新思考、审视自己的课程观念或行为，打破思维定式。教研活动的组织者或者管理者要以平等参与者的身份参与教研活动，不要以权威者自居，给每位教师平等参与和发言的机会，包容和接纳教师多元的想法和自由表达，以利于营造和谐的对话氛围，提高教研活动的质量。

（三）吸纳专家资源，发挥专家引领作用

专家引领是借助专家或者是高层次的教育教研机构的指导和帮助来促进教师发展、成长的重要形式。专家引领在教师课程理解的不同阶段起着不同的作用，不但有助于开阔教师的视野，转变教师的课程观念，而且在理论沟通实践过程中发挥着重要作用。

首先，在教研平台的基础上积极吸纳专家资源的介入，可以提高教研质量。教研是一个对话交流、协商共建的过程，吸纳异质性资源，充实教研力量，建构专业、开放、包容的教研共同体是提升教研质量的关键。无论是区域教研还是园本教师，都需要专家的介入和引领，以此保障教研活动的有效性。高校教师以及地方教研员不但具有科学的观念、较高的理论水平，而且从事一定的研究活动，往往代表着一个地区重要的专家资源。所以，高校教师要积极与周边幼儿园建立起合作关系，定期参与幼儿园的教研活动，提高教研活动开展的有效性，并对幼儿教师的课程工作、活动进行针对性指导。有些幼儿园因为地理条件的限制可能无法获得便利的专家资源，可以借助远程网络线上指导的方式建立起合作关系，指导幼儿园科学地开展课程工作。

其次，利用专家资源在教师课程理解的不同阶段发挥不同的引领作用。专家引领的形式是多样的，包括专家讲座、专家评课、专题研讨、专

家领衔下的培训班以及名师导学等,对于不同发展阶段的教师要有不同的针对性。如专家讲座或者培训可以帮助教师短时间内接触、了解新的课程观念和思想,开阔教师的视野。而专家以言传身教的形式帮助教师进行切实的业务指导活动、评课活动等则有助于教师对理念的内化,沟通理论与实践。因此,要针对教师不同的发展阶段灵活采用不同的形式,有针对性地促进教师技能的提升。

第四章　幼儿教师职前教育体系的创新

教师职前教育实践是为教师从业做准备的，它既是教师从业的基础，也是教师终身发展的前提。通过参与幼儿教师职前教育实践，“准幼儿教师”能够掌握开展教育教学活动和班级管理所需的专门知识和能力，并促进自身的教学技能和教育素养不断得到提高，从而确保教育教学活动取得良好的成效。积极开展幼儿教师职前教育实践，对于确保“准幼儿教师”顺利进入工作岗位、有序开展工作具有重要的意义。因此，当前我国对幼儿教师职前教育实践予以高度重视。但总体而言，在我国教师教育中，幼儿教师职前教育实践一直处于较为薄弱的环节，且存在不少的问题，难以真正培养出适应时代需要、适应教育改革与发展需要的高质量的“准幼儿教师”。而要改变这种状况，一个重要的前提便是切实重视幼儿教师职前教育实践存在的问题。本章就对幼儿教师职前教育的相关内容展开分析。

第一节　幼儿教师职前教育的目标

一、培养具有胜任力的专业教师

幼儿教师职前教育的目的在于培育出具备较高胜任力的专业幼儿教师，而不仅仅是一名合格的教师。这就是说，每一位幼儿教师都必须具有较高的胜任力，能够胜任这份工作，如果幼儿教师不合格，显然不能从事这个工作。这就如同医生这一职业，如果不具备医生资质，显然不能给患者看病，否则就是对患者不负责。幼儿教师的言行不仅对幼儿的健康成长产生影响，甚至会影响着他们一生的幸福。因此，培养具有胜任力的专业幼儿教师,是幼儿教师职前教育的目标和要求。

二、为幼儿教师持续专业发展提供"脚手架"

幼儿教师职前教育可以为幼儿教师的专业发展提供"脚手架",即专业工具,涉及教育专业知识、科学方法、教育技术等。为职前教师提供"脚手架"的目的在于,让他们在职业中能够解决各种问题,从而促进教师自身的成长和发展。教育专业知识涉及教授什么,如何展开教学等,拥有这项知识是教学的前提条件,但并不是充分条件,教师还需要明确为何展开教学以及如何展开教学等知识。

教育专业知识体现了幼儿教师的专业性,包含着教育的价值与目的;教授什么以及如何展开教学涉及教学的工具属性。教学的工具属性与价值属性密切相关。

当然,幼儿教师的专业性不仅体现在自身具备的专业知识上,还体现在他们能够运用科学的方法解决教学中的问题。虽然实践经验有助于对教学中的问题加以解决,但是,不会运用科学方法,就不能称其为专业的工作者。

第二节　幼儿教师职前教育的现状

一、专业和职业引导缺位,导致内生动力不足

所谓内生动力,就是学前师范生在教育实践过程中自身的积极性与主动性。如果学前师范生自身不努力、不作为,即使外力驱动再大,也难以有效发挥作用。这种内生动力主要来源于学前师范生对专业及职业的认同度和荣誉感。目前,许多学校对学前师范生的专业和职业引导缺位。目前,大部分学前师范生专业与职业认同感淡薄,对学前教育专业及幼儿教师职业没有清晰的认识;有部分学生将幼儿教师职业仍然看作"高级保姆",持有"低人一等"的偏见;还有的学生选择该专业是出于家长的要求,或是易找工作,或是被调剂而来,缺乏专业志趣。由于大学的教学模式完全不同于高中时期,大学课堂的教无定法、学无主次取

代了昔日基础教育的按部就班、主次分明的教学方式，导致部分学生出现迷茫、失望等心理，这极大地影响了学生学习的兴趣、信心和动力。

相对理论课程来说，教育实践课程需要付出更多的精力和努力，这使得学生疲于应付、消极对待。正如有的学者所述："学生习惯了传统的理论教学模式，适应实践教学有一定的困难，在实践活动中找不到自己的正确定位。"[①] 这导致了学前师范生对实践课程的关注度不高，缺乏参与教育实践课程的主观能动性，进而严重影响了教育实践课程的实效性。

二、保障措施不力，导致参与的外驱力不足

外在驱动力主要是受外在的条件、环境和制度规范的制约所形成的动力。研究表明，幼儿教师职前教育实践课程存在形式单一、课时不足、指导不力、保障缺乏等问题。尤其是对教育实习以外的观摩、调查、校内实训等实践课程，仅仅视其为一种活动而不是一门课程，只是鼓励和倡导学生参与，缺少具体的实施办法和考评措施，致使学前师范生对教育实践课程参与缺乏足够的外驱力。

以见习为例，很多高师院校仅把见习当作宏观上师范生培养计划中的一项任务来完成，缺乏微观的规划和行动。如见习前的准备（包括学校和学生两个方面）、见习中的跟踪指导、见习后的总结反思等都缺乏具体详细的规划。由于缺乏前期的计划，多数学前师范生在不充分准备的情况下，匆匆地进入了见习现场，更多的是一种没有明确目的和非主动的观察行为，对见习应该要做什么、听什么、看什么、想什么一无所知，仅是作为一名听课员坐在教室后面，与幼儿、幼儿教师的接触交流寥寥无几，获取的教育信息自然也少之又少。当他们逐渐进入见习角色时，见习已接近尾声。见习结束后，恢复常规的课程活动，学校对见习的效果不再过问，似乎见习从结束的那天起就已经画上了句号。而作为教育实践最为核心（被视为课程）的教育实习，随着师范院校的扩招而变得不再重要，学校很难跟踪监管，加之教育实习一般安排在最后一学期，学生因担心影响专升本复习或找工作甚至不惜弄虚作假。

---

① 孙莹．地方高职院校实践课程的改革[J]．长春工业大学学报（高教研究版），2014（1）．

又如，评价是教育实践课程系统正常运作的控制措施，是引导、鉴定实践课程的开发、建设、实施全过程的必要手段。而在以往的教育实践课程评价中，师范院校对教育实践课程的评价一般采取的方式是高校实习指导教师根据实习单位对学生的评价，结合学生实习前在校的试教表现来综合评定学生实践课程成绩，平时的观摩、调查、见习情况不在评价范围内，实习评价仅局限于学生的课堂表现情况。出于“不难为学生”的考虑，教师往往倾向于给出比学生的实际水平更高的成绩。这样的实践课程安排和评价，难以成为驱动学前师范生积极参与教育实践课程的有力保障。

第三节　幼儿教师职前教育体系的建构

一、塑造幼儿教师职前教育中的专业形象

（一）幼儿教师专业形象

专业形象是指某一特定领域的从业者或社会大众，对于该职业的专业性质、专业程度和专业提升途径的认知和看法。教师专业形象是指一般社会大众及教师自身对教师工作的专业性质、专业程度和专业提升途径的认知与看法，主要包括教师的公众评价及自身评价两部分。[①]

简言之，教师专业形象就是不同群体（包括教师自身和社会大众）从教师专业素质结构出发来探讨和架构教师形象，以凸显教师职业形象的独特性和专业性。

综上，本书将幼儿教师专业形象定义为幼儿教师自身及社会大众对幼儿教师这一职业的专业性质、专业程度及专业提升途径的认知和看法，旨在从教师专业素质结构出发去探讨和架构幼儿教师形象。

---

① 林清江．我国教师职业声望与专业形象之调查研究（第三次）[A]．两岸教育发展之比较 [C]．中华民国比较教育学会．台北：师大书苑，1992．

（二）幼儿教师的专业形象内容

1. 幼教理念

专业理念是指专业人员对自身专业性质、专业标准、专业价值的理解与期待，它影响着专业人员自身的思考方式和行为举措。叶澜对教师专业结构提出设想，并指出专业理念是教师在对教育工作本质理解的基础上，形成的关于教育的观念和理性信念。[①] 因此，幼教理念是指幼儿教师在对学前教育工作本质的理解基础上形成的关于学前教育的观念和理性认识。理念的专业性为教师行为的专业性提供了理性支撑，使得作为学前教育工作者的教师和其他非专业人员区别开来。

（1）儿童观

儿童观，《教育大辞典》（1999）将其界定为“看待和对待儿童观点的综合，涉及儿童的特性、儿童的权力和地位、儿童期的价值意义及教育与儿童发展间的关系等问题”。换言之，儿童观是人们对儿童、儿童期、教育与儿童发展关系的总和。[②]

①以儿童为中心。以儿童为中心即坚持儿童中心论，主张从儿童的视角思考看待问题。法国教育家卢梭在《爱弥儿》一书中指出：“在万物的秩序中，人类有它的地位；在人生的秩序中，童年有它的地位；（我们）应当把成人看作成人，把孩子看作孩子。”[③] 把孩子看作孩子便确立了儿童中心的思想，这表明现代教育的一切目的都是为了儿童。

②尊重理解儿童。教育既是一门艺术又是一门科学，专业的教育工作者既要能够创造性地开展教育教学活动，又要充分遵循受教育者的身心发展规律并对其施加积极影响，因此，专业的幼儿教师应该尊重理解儿童，关注每名儿童的发展潜力。尊重理解儿童意味着尊重儿童的身心发展规律，尊重儿童的个体发展差异性，尊重儿童的本能和天性，尊重儿童的人格和权利。

③注重建立情感联结。学前教育不仅应该教授给幼儿特定的知识和能力，更重要的是能随时随地唤起幼儿爱的萌发、促进幼儿爱的生

---

① 叶澜，白益民，王枬等．教师角色与教师发展新探[M]. 北京：教育科学出版社，2001.

② 叶妙企．科学的儿童观：幼儿教师专业素质之本[J]. 中国教育学刊，2017（S1）.

③ ［法］卢梭．爱弥儿 论教育[M]. 北京：商务印书馆，1978.

长。要使幼儿具备这样的意识和能力，就需要教师给予幼儿更多爱的浸润、启迪、传递与教育。因此，作为一名专业的幼儿教师要给幼儿充分的爱、自由与选择，让他们幼小的心灵萌发爱的力量，积极建构对世界的认知和情感，以便他们能够与周围的人、事、物建立起积极有益的互动。

④视幼儿为主动的学习者。主动学习是人类得以全面发展的基础，也是幼儿应该具备的积极品质。具备主动学习品质的幼儿往往对外部世界充满好奇和兴趣，他们更愿意尝试新技能和新任务，更加积极主动地探索周围世界。《3—6岁儿童学习与发展指南》也强调重视发展幼儿的学习品质，帮助其养成积极主动、认真专注、不怕困难、敢于探索和尝试的良好品质。

（2）教育观

教育观，《教育大辞典》（1999）将之定义为关于教育现象和问题的基本观念体系，诸如对教育的本质、目的、功能、体制、内容、方法、教师和学生等内容的基本看法。①

①教育观念与时俱进。随着时代的发展和社会的变革，学前教育理念也发生重大变化，强调幼儿的主体性，注重幼儿素质的整体提升，强调幼儿的可教育性和发展潜能，为幼儿终身学习和可持续性发展奠定基础，成为学前教育新的发展目标和价值取向。作为一名专业的幼儿教师，其自身的教育观念也要不断更新、与时俱进。

②以游戏为中心。游戏是幼儿最喜欢的活动，能给幼儿带来欢乐和满足，促进他们的身体、认知、情感、社会性等方面的发展。专业的幼儿教师应该充分认识到游戏对幼儿身心发展的价值，以符合幼儿天性的方式促进其自由成长。

③一日生活皆课程。"让教育回归生活""让课程回归生活"是整个基础教育阶段倡导的理念，幼儿身心发展的特殊性决定学前教育比其他学段更迫切需要与生活的融合。课程作为实现教育目标的有效载体和手段，只有将课程和幼儿的生活密切结合，才能使幼儿获得适宜有效的发展。因此，教师应该将幼儿园课程生活化。所谓课程生活化，是指教师在设计、组织、实施课程时，将课程与幼儿的日常生活、感性经验联系起来，把富有教育价值的内容纳入课程领域，从而使课程更具生活色彩和意义。

① 叶妙企.科学的儿童观：幼儿教师专业素质之本[J].中国教育学刊，2017（S1）.

④坚持保教结合。学前儿童由于自身缺乏生活经验，生命安全、自我照料和独立生活的能力都比较薄弱，教育者在对他们实施影响时不仅要在教育中进行知识启蒙和能力培养，还要在生活上给予孩子精心的照料。因此，专业的幼儿教师要坚持保教结合的理念，注重保育和教育工作的渗透整合。

人总是要长大的，但眼睛不能长大；人总是要变老的，但心不能变老。专业的幼儿教师更应如此，要时刻保持开放性，通过不断的修炼和完善，使自己具备科学的儿童观和现代的教育观，用童眼和童心去发现儿童身上最本源的美，坚持以儿童为中心，尊重理解儿童，视儿童为主动的学习者，注重与儿童建立情感联结。关注儿童之关注，好奇儿童之好奇，喜悦儿童之喜悦，幸福儿童之幸福；保持自身教育观念的与时俱进，以游戏为中心，坚持保教结合，只有确立一日生活皆课程的理念，才能更好地树立起自身的专业形象。

2. 专业技能

专业技能是专业知识和能力的简称。其中，专业知识是指为胜任教育教学工作所具备的知识，是被教育实践证实的、真实准确可以指导并解决教学实践问题的经验；专业能力是从教育实践中体现出来的，是保障完成职业要求和工作职责的必要条件。由于教育对象的特殊性，幼儿教师的专业技能是多层次的，具有综合全面性和跨学科性等基本特征。专业技能包含幼儿教师的专业知识结构、教育教学能力、沟通合作能力、反思实践能力和观察评估能力等。

（1）专业知识结构

当前我们处于信息化社会，知识更新换代的速度极快，作为专业的幼儿教师若不能及时更新知识、充实完善自我，必将被时代淘汰。因此，具有广博精深的知识是成为一名专业幼儿教师的前提和根本条件。作为新时代的幼儿教师，只掌握固定的专业知识和教育理论是远远不够的，还需要保持自身知识结构的开放性，不断汲取新知识。

①幼教理论知识。作为专业的幼儿教师，要熟练掌握对应学科的专业知识和幼教理论知识，并将学科专业知识和幼教理论知识融合到教育实践中，以便更好地从事幼儿教育工作。

②其他文化类知识。美国教师教育专家舒尔曼指出，教师必须掌握的七类知识：“学科内容知识、一般教学知识、课程知识、学科教学知识、

学生及其特征的知识、教育环境的知识、其他课程的知识。”①

以上所说的七类文化知识是孕育教师文化素质和教育素质的“土壤”，代表着一位教师自身的学识水平、知识视野、思维品质、审美趣味和人格修养，决定着一位教师的文化底蕴。如果忽视教师人文精神的涵养，就会造成教师成长的“艺”与“文”失衡，难以真正促进教师的专业发展。

（2）教育教学能力

幼儿教师的教育教学能力直接影响到幼儿的有效学习和发展，专业的幼儿教师应该具有较好的环境创设、组织实施和问题解决能力，能够在环境创设和组织实施中充分考虑幼儿的学习特点和身心发展规律，并注重幼儿在主动探索、操作实践、合作交流等方面的行为表现。

①组织实施能力。具备良好活动组织实施能力的幼儿教师能够充分体现《幼儿园教育指导纲要（试行）》对教育活动的基本要求，在组织教育内容时更加注重综合性、趣味性、活动性，寓教育于一日生活和游戏。

②问题解决能力。问题解决能力是指教师运用教育观念规则、教学方法等对教育过程中存在的问题进行分析并提出解决方案的能力，幼儿教师问题解决能力的强弱对于幼儿的健康成长至关重要。

③情绪管控能力。情绪管控能力是指教师在教育教学活动中对自我情绪良好的管理和控制，这对教师专业素养的提升是至关重要的。教师情绪的稳定性不仅能够帮助教师自身保持教育自信，还能促进幼儿建立良好的安全感。当前，幼儿园一线工作繁重复杂，身为一名幼儿教师，不仅要照顾好幼儿的一日生活，保证幼儿的安全，还要承担教研和环境创设等任务。在此过程中，幼儿教师很有可能承担过多压力，造成自我情绪管理控制不当。

④环境创设能力。幼儿学习是在与周围环境的相互作用中完成的，良好的环境创设对幼儿学习成长至关重要。幼儿园环境有广义和狭义之分，广义的环境是指幼儿教育赖以进行的一切条件的总和，这既包括园内的环境，也包括园外的家庭、社会、自然等大环境；而狭义的环境主要指园内的环境，包括物质环境和精神环境。无论是广义的环境还是狭

① Shulman, L. S. Those who understand: knowledge growth in teaching[J]. *Educational researcher*, 1986（2）.

义的环境，都需要专业教师进行有教育价值的设计和创造。

（3）沟通合作能力

具备良好的沟通合作能力是教师服务对象的特殊性对自身专业性提出的必然要求，专业的教师需要与教育对象、同事、领导、家长，甚至与社区进行良好的沟通交流。对于幼儿教师来说，由于受教育者尚处于语言能力形成发展阶段，他们自身的理解和沟通能力较弱，更需要教师倾注精力在沟通交流上。幼儿教师对沟通合作的把握，直接关系到幼儿园教育效果、家长对幼儿园教育的满意度、家园关系的进展和教师同事间的相处等。因此，专业的幼儿教师需要具备教育智慧，采用更艺术性的沟通方式和技巧。

①师幼沟通交流能力。与幼儿的沟通能力是教师在教育工作中与教育对象——幼儿的交流过程中所显现的一种人际关系的协调能力，主要通过教师的沟通态度和沟通技巧反映出来。由于幼儿的年龄特点和交往能力的有限性，教师对幼儿的教育与其说是施加教育影响，不如说是师幼间心与心的对话。因此，教师能够用符合幼儿年龄特点的语言与其沟通交流，学会倾听幼儿声音的能力就显得尤为重要。

②同事沟通协作能力。在幼儿园中，幼儿教师除了要及时与家长沟通交流，与同事的沟通协作也是必不可少的。教师同事间的沟通合作是建立在将幼儿园作为一个学习共同体的理念基础之上进行的，教师之间通过彼此协作，可以获得知识上的共享、能力上的互补、心理上的慰藉，以团队的形式高质量地完成各种工作。

（4）观察评估能力

观察评估能力是幼儿教师的基本功，观察能够让教师觉察到幼儿的需求，判断幼儿的发展水平，设计出更适宜的教育内容。教师基于观察的结果进行评价，秉持评价的激励功能，最终能够实现教育评价真实全面、重过程的特点。

①善于观察能力。随着幼儿园课程改革的不断深入，《幼儿园教育指导纲要（试行）》《幼儿园教师专业标准》《3—6 岁儿童学习与发展指南（试行）》等指导性文件的陆续颁布，国家层面对幼儿教师的观察能力也提出了更高的要求。专业的幼儿教师应该比一般教师更善于观察，因为只有有效观察才能对幼儿的行为和心理产生更敏锐的感悟，后续才能更有针对地开展教育教学活动。此外，有效的观察也是教师评价幼儿的基础和参考点。

②多元评价能力。评价能力是指教师对于客观状况的一种主观认识和客观分析及其判断的行为表现，专业的幼儿教师应该进行多元评价，以改进保教工作。教师要明确评价的最终目的是更好地改进教育教学，更有效地促进幼儿发展，而不是给孩子划分等级或贴标签。加德纳的多元智能理论为当前我国学前教育领域的评价提供了一个很好的理论支撑，当今社会需要培养的是德才兼备、德智体美劳全面发展的现代化人才。因此，专业的幼儿教师要学会以欣赏的眼光、采用多元的评价方式对不同的幼儿展开针对性的评价，以便更好地了解孩子、有针对性地施加教育。

3. 职业道德

教师的职业道德即师德，是教师在长期的教育教学实践中形成的较为稳定的道德观念、行为规范和道德品质的综合，是教师思想觉悟、道德品质和精神面貌的集中体现。幼儿教师的职业道德是在一定时期内，社会对幼儿教师的职业行为提出的基本要求，是教师必须遵循的行为准则。职业道德作为教师专业发展的重要标志和关键维度，师德的高尚与否是教师专业发展的重要体现，同时又反过来促进教师自身的专业成长。因此，专业的幼儿教师应该以专业技能为基础，不断提升自身的职业道德，真正做到师德为先、为人师表。

（1）职业情感态度

职业情感态度指幼儿教师对幼儿、对工作等表现出来的基本态度和情感。

①关爱幼儿。关爱幼儿是教师职业必须遵守的道德底线，教师对孩子的爱和他人的爱是不同的，教师的爱是更具有教育意义的爱。在学前教育阶段，幼儿教师承担着“养护者”和“照料者”的角色，这种养护和照料不仅仅是对幼儿生命安全的保护，更包含着对幼儿的情绪情感、个性品质、社会性发展等诸多方面无微不至的呵护。因此，在职业情感态度方面，“关爱幼儿”几乎是所有被调查者都会提到的教师专业品质和行为表现。

②爱岗敬业。爱岗敬业体现幼儿教师的一种敬业精神，从热爱学前教育事业这份真挚强烈的情感出发，对自己的工作能够全身心投入，认真负责，勤奋进取，想方设法做到最好。

③职业认同。认同（identity）指个体与他人、个人与群体在情感和

心理上的趋同程度，侧重于主体在与社会互动建构中对自我身份认同的过程。职业认同是幼儿教师对身为“专业教师”的认知和情感，是对作为幼儿教师意义的整体认知和看法。

④教育情怀。教育情怀是教师内心执念于教书育人的精神叙事，是教师执念追求教育的生命意义和坚守育人职业的内在动力与精神支撑。教师的教育情怀是教师对待社会、学生和自身表现出来的人文情怀，是一种更高层次的境界，包括教师的情感态度和包容胸怀。教育情怀可以体现一名专业的幼儿教师对于学前教育的真诚、敬畏、责任和深沉的爱，表达幼儿教师对于坚守幼教一线岗位的执着、教育理想追求的坚持，教育情怀是幼儿教师内心执着于幼教事业的精神品性。

（2）职业行为规范

教师的职业行为规范是指教师在处理工作关系中需要遵循的行为准则和坚决不能触碰的职业行为禁忌。专业伦理是教师在从事教育教学工作时应该遵循的基本伦理规范和行为准则，它用以约束和规范教师在执行相关专业活动时对其个人、他人及社会的行为。因此，职业行为规范作为职业道德的一部分，需要引起高度关注。

①客观公正地对待幼儿。客观公正地对待幼儿是指作为一名专业的教师要保持诚信公平的态度，把每一名受教育者应该得到的合理需要、合理评价给予他们。具体来说，幼儿教师应该在教育幼儿的态度和行为上保持公正平等，不偏袒、不偏心，一视同仁，满腔热忱地去关心每一名幼儿。

②注重师德建设。职业道德是构成教师专业形象的先导，是幼儿教师专业发展中的底色，是构成幼儿教师专业形象的关键结构和特征。新时代对教育的总体要求是从立德树人的根本任务出发，培养德智体美劳全面发展的社会主义事业的建设者和接班人，实现中华民族的伟大复兴，这些都侧面要求幼儿教师应该具有崇高的师德。

4. 专业自主

专业自主是指教师享有的专业判断及自由施教不受非专业成员干预的权利，教师的专业自主包括教育教学自主、科学研究自主、民主管理自主、进修培训自主等方面。教师是否能够意识并自觉行使自己的专业自主权，即教师所具有的专业自主权意识是教师专业化发展的重要内容。此外，已有研究还指出当前我国幼儿教师的专业自主性缺失严重，不少幼儿教师专业自主发展意识薄弱，自我专业认同感缺失，更缺少参与决策的能动性。

（1）教育教学自主

教师拥有教育教学自主权是教师作为专业人员的重要指标，也是深化课堂教学改革的基本条件。只有拥有教学自主权，教师才能控制课程及其目标，教学才有可能富有艺术性，教师才有可能成为创造型教师。

①教育内容自主。专业自主是任何一门职业发展成为专业的必备条件，教育教学自主权作为教师专业自主权的核心要素，充满了权利的意味。教育内容自主又是幼儿教师教育教学自主的一种强有力呈现。

②教育方法自主。幼儿教师拥有教育教学自主权除了体现在教育内容选择上的自主性，还包括在教育方法实施上的自主性。

（2）参与决策自主

在幼儿教师专业自主权上除了教育教学自主外，还包括参与决策自主。教师专业生命的绽放，需要从管理走向治理，并借由自由治理关注每一名教师的自主发展。教师拥有参与决策的自主性是教师作为专业人员的重要标志，是发挥教师主人翁意识的前提和保障。“自主”本指自治和独立，是个体在做出具体决定时不从属于任何外部的压力。专业自主是幼儿教师专业形象的重要构成要素，是幼儿教师这一专业成为一门职业的标志和保障。长期以来，我国学前教育处于“边缘化”地带，教师队伍的整体水平偏低，无论是个体层面还是幼儿园层面都较少关注教师专业自主性的培养。在个体层面，教师专业自主性意识薄弱，缺乏对自己专业行为的系统反思，更缺乏专业探究意识与研究能力；在园所层面，教师通常处于被动状态，缺少参与决策和意见反馈。

5. 专业成长

专业成长主要是指教师在严格的专业训练和自身主动学习的基础上，逐渐发展成为一名专业教育者的过程。专业成长是提高我国幼儿教师社会地位的必然要求，它不仅需要教师自身主动努力，不断提高专业素养；还需要外部环境支持，内外因素相互作用共同促进教师成长。一个职业的社会地位和学术声誉在很大程度上取决于它自身的专业化程度，幼儿教师群体只有不断提高自身专业化水平，促进专业成长，才能赢得社会大众的认同和尊重。

（1）职前专业培养

幼儿教师职前专业培养，主要指教师在特定的教育机构或组织单位修习师资培育类课程，获取专业知识，掌握专门的理论与技能，经过教育实习，具备一定学历，取得合格的资格证书等内容。

①进行教育实践。在职前专业培养上，幼儿教师（准教师）还需要加强教育实践比重，让自己提前进入工作岗位，熟悉工作环境，以便明确自我职业生涯规划和就业选择。

②具备准入资格证书。专业的幼儿教师在职前专业培养后，还需要获得基本的学历，具备一定的资格证书，如获得进入幼儿园工作的幼儿教师资格证、普通话证等。

（2）职后培训进修

职后培训进修是指幼儿园教师入职后的专业培训，职后培训进修是促进教师专业化成长的必经之路。幼儿教师应秉承教师教育一体化的理念，坚持将教师职前教育、职后教育进行有效整合。

①善于自我学习。现代教师观把教师的专业发展看作教师在实践中学习、在教学工作中提升的过程，将教师的专业素养看作一种植根于教学情境的实践表现。因此，学习被视为幼儿教师专业成长中的重要因素，专业的幼儿教师应该具备主动学习的意识和能力，才能在不断变化的社会中应对各种挑战。

②参与教研培训。关于幼儿教师职后培训进修，除了个体层面的自我学习，还可以通过参加园本教研和研讨培训等多种形式进行，如通过专业引领，以老带新，让老教师带领新教师成长；课题研究，通过课题参与让教师成为研究者，具有鲜明的行动研究特点；专题讲座，通过名师专家的系列论坛，进行自由交流和思维碰撞，在相互交流中提出更深刻、更精彩的见解，促进自我反思和成长等。

③制订个人发展规划。作为专业的幼儿教师要善于自我规划，实现自我发展，应制订具体的规划方案，明确专业发展方向和路径，以期实现自身持续不断的专业成长。

（三）幼儿教师专业形象确立的影响因素

长期以来，社会大众普遍尊称教师为“人类灵魂的工程师”，由此可见教师群体在社会中的地位是崇高的，是备受尊敬的。但在一般大众心目中，他们往往更认同大学教师、中小学教师的专业性，而对幼儿教师的专业形象缺乏认知。事实上,学前教育是国民教育体系的重要组成部分。随着国家和社会对学前教育的日益重视,幼儿教师群体的专业性也逐渐引起各界的关注。

1. 教师自身的专业性是专业形象确立的根本所在

(1)幼儿教师的专业理念:专业与否

幼儿教师的专业理念是指教师自身对保教事业的理解和认识,是对自我的认知与行为倾向。专业的理念能够使教师达到一定的精神境界,并为其教育实践提供强有力的方法论支持。具有较强专业精神的教师能够对自身职业和教育对象(儿童)怀有满腔的爱意和高度的责任感,使教育对象(儿童)在学习的过程中茁壮成长。因此,教师自身的理念会直接影响其在实践中的教育教学行为,进而影响自身专业形象的确立。

(2)幼儿教师道德水平:以身作则德行引导

古人云:学高为师,身正为范。对处在爱模仿、自身道德观尚未形成阶段的幼儿来说,更需要成人(尤其是专业幼儿教师)良好德行的引导。当教师面对3—6岁的学前儿童时,需要时时刻刻做好道德表率作用,以身作则,培养孩子良好的人格品质。专业的幼儿教师需要保持高尚的道德水准,将自我道德发展作为内在的责任,而非问责制和工作考核所带来的约束管理。幼儿教师的职业道德认知表现为自身在幼儿教育工作中的专业行为,这是一种来自专业的认知、情感、行为反馈带来的综合性反思和形象自觉。幼儿教师道德水平的高低将会影响教师专业知识和能力的发展,最终影响到专业形象的确立。

(3)幼儿教师行为表现:用专业性感染他人

全美教师专业标准委员会(The National Board for Professional Teaching Standards, NBPTS)认为,优秀的幼儿教师应该具备五大核心素养:对儿童及其学习负责;精通学习知识,擅长根据儿童特点将这些知识教给他们;对儿童学习进行组织、管理以及监督;对教学活动进行较为系统的自我反思;提升未来实践教学能力,能够融入并参加学习型组织。[①]

① National Board for Professional Teaching Standards.Early Adolescence through Young Adulthood/Art Standards(second Edition)[EB/OL]. http://www.nbpts.org/wp-content/uploads/EAYA-ART.pdf.

幼儿教师的核心素养是个体在工作环境中所掌握的知识技能，并通过具体的行为表现将客体的教育内容和主体的关键能力统一展现出来。因此，幼儿教师的专业素养主要是通过自身行为呈现，并将最终影响到专业形象的确立。

2. 园所文化是专业形象确立的促成要素

幼儿园是实现教师专业化的基本环境，园所文化是指幼儿园在长期办园发展过程中，由全园教职工共同创造并认可的教育实践方式及其所产生的一切成果的总和，既包括物质层面的文化，又包括精神层面的文化。不同的幼儿园有不同的文化，同一所幼儿园在不同时期也有不同的文化。多项研究共同表明：民主、宽松、自由、平等的园所文化氛围更能促进教师的专业发展，也有助于教师专业形象的形成与确立。

（1）园所规章制度和组织氛围：文化引领教师专业成长

园所规章制度是一所幼儿园得以有序运行的必要条件，几乎所有的幼儿园都会有与教师形象相关的规章制度和对教师专业发展的基本要求，这些制度和要求除了教师守则统一规定的相关内容外，还包括教师在衣着穿戴、仪容仪表、言行举止、师德师风等方面的规范，如"教师不能浓妆艳抹""不能体罚孩子""要说标准的普通话""要廉洁自律，不向家长收礼"等。

（2）园长管理风格和领导能力：园长引领教师专业形象确立

园长作为幼儿园的领导者、管理者和教育者，他们的管理风格直接作用于园所的组织氛围以及规章制度，将会对教师的专业态度、情感信念等方面产生深刻影响。民主型的园长更善于营造和谐融洽的组织氛围，其自身宽容开朗的性格、乐观健康的心态和勇于创新的精神也会感染到每一位教师，引导教师们在合作中良性竞争，促进教师内部形成一种开放、互助、信赖、支援性的同事关系。由此可见，园长的民主管理更有助于幼儿教师专业形象的确立。

3. 网络媒体报道是专业形象形成的重要手段

根据形象形成模式，当前网络媒体在社会中承担着信息传播、宣传报道、舆论监督等职责，透过网络媒体的报道可以使信息在短时间内得到大量传播。当社会大众（包括幼儿家长）接触传播的信息后，对幼儿教师专业形象的既有认知就可能发生强化或改变。因此，网络媒体报道是幼儿教师形象形成的重要来源，有了传播媒体的管道接收信息，便多了可能影响教师形象确立的外力。

（1）网络媒体传播：标签化塑造教师形象

网络传媒因其传播速度快、受众面广等诸多优势，在信息化时代被迅速普及。网络媒体的利益与受众的关注度密切相关，它们为了追求自身利益最大化，增加点击率和流量，就必须要吸引受众群体的注意，迎合大众的心理，制造“猎奇效应”，这在一定程度上形成了幼儿教师形象的标签化。

（2）网络媒体报道：模糊、弱化教师专业形象

网络媒体在新闻报道中的首要原则是还原事情真相，尽可能地追求信息的客观公正，以实现报道的初衷。但也有一些媒体为了增加自身点击率，会选择性忽视事件本身，将捕风捉影的信息大肆在网络中传递，以此达到吸引大众目光的目的，这是当前网络媒体责任意识缺失的表现。网络媒体职业道德感缺失，对幼儿教师相关事件的报道缺乏真实性，容易造成一般公众对幼儿教师专业性认知的零散化和模糊化，继而使幼儿教师专业形象的确立蒙上阴影。

（四）幼儿教师专业形象的提升策略

为了促使社会大众对幼儿教师这一职业的专业性质、专业程度和专业提升路径形成更加全面、客观、清晰的认识，有效改善提升幼儿教师专业形象，应该遵循整体建构策略，从如下几个方面协同努力。

1. 以幼儿教师自身为主体，建构专业形象，实现专业自觉

要想全面提高幼儿教师在大众心目中的社会地位和专业形象，仅仅依靠外部力量来驱动发展，将会在一定程度上束缚教师教育实践的能动性。因此，提升专业形象需要从内部根源入手，谋求教师专业发展的自觉性，优化教师在现实生活中的专业行为表现。

一门职业实现自身专业化的途径有很多，除了在群体层面实现专业化外，还可以在个体层面不断提升专业水平。群体层面的专业化，当前国家已经在各级各类的教师培训中投入大量的人力、物力和财力，对幼儿教师（包括园长）群体进行大规模的专业培训；而个体层面的专业化，教师自身更应该注重个人形象的管理和设计，以专业标准严格要求自己，时刻保持着自主学习意识，持续反思实践活动，规范自身行为表现，

努力把自己塑造成为一名更具专业智慧的新型幼儿教师，进而不断提升自我专业形象。

（1）规范自身行为举止，努力实现形象自觉

规范的行为举止指幼儿教师通过不断努力，使自身达到专业化的水平，具备专业的知识和能力，从而实现自我行为表现的专业化。心理学研究表明，在与陌生人交往时，最初印象总是格外鲜明和深刻的，所谓"首因效应"就是指个体在社会认知过程中通过"第一印象"最先输入的信息对客体以后的认知产生的影响。依据"首因效应"，幼儿教师自我行为举止的专业与否会给社会大众留下"第一印象"，会直接影响大众对其专业形象的判断。因此，幼儿教师要善于规范自我行为，将本职工作落实到位，给大众留下完美专业的"第一印象"。此外，幼儿教师还要在专业自觉的基础上实现形象自觉。其中，专业自觉是指教师对自己所处的教育工作的专业性具有清晰的认知，能够意识到自己是专业发展的主体，依据社会赋予教师的特定使命，结合教师专业标准的认识，充分了解专业理念、师德、专业技能和价值观的重要意义，不断调整反思自我教育理念，最终达成专业发展目标并内化为自觉行为。

形象自觉是指教师能够以自身作为发展主体，以教师形象作为内容和框架，以个体发展作为出发点和落脚点的自我形象认知、自我形象审视和自我形象提升的过程。形象自觉是专业形象得以发展直至最终确立的内驱力，它使幼儿教师在专业形象目标定位后，及时审视自身不足，孜孜不倦地追求实现最终目标。因此，在幼儿教师层面，应该规范自身行为举止，努力实现专业自觉和形象自觉。

（2）持续自我反思学习，管理塑造专业形象

持续反思是教师专业成长的关键，基于实践活动的教学反思在教师的专业成长中发挥着重要的作用。叶澜教授认为，一位教师写一辈子教案难以成为名师，但如果写了三年教学反思则有可能成为名师。由此可知，善于反思的教师更能够改进自身教育教学行为，提升教育教学能力，促进自我专业发展，继而影响自身专业形象的确立。因此，幼儿教师要转变自我观念，提高自我反思意识，针对保教活动中存在的问题，善于积累，冷静思考，克服不足，不断进步；丰富反思内容，从单一视角的保教方面的反思拓展到对教育理念、幼儿发展、自身专业发展、与家长沟通交流等问题的反思上来。此外，幼儿教师还要加强自我学习，不断提升专业素养，管理塑造自我专业形象。首先，教师要具有积极进取的

学习态度，主动参与到各种研修活动中，拓宽视野，提升技能。其次，教师还需要树立终身学习的理念，不断努力，完善自我。随着现代社会的发展，知识更新的速度越来越快，专业的幼儿教师对儿童和教育的理解也应该与时俱进。教师唯有不断学习先进的理论，顺应学前教育变革的潮流，才能跟上时代发展的步伐。

2. 以幼儿园文化理念为核心，塑造教师专业发展的共同愿景

幼儿园是一个创造价值和文化的“生活空间”，幼儿园共享的文化理念影响着幼儿教师的思维方式和行事风格。幼儿教师专业形象的提升，需要以幼儿园文化理念引领为核心，通过增强教师对幼儿园文化的理解和认同，凝聚共识，激发专业自主意识，实现专业成长。因此，幼儿园的文化氛围作为幼儿教师专业发展的生发环境，对其专业形象的确立起到外部“督促”效用。良好的幼儿园组织文化，能够指引教师专业发展方向，督促教师完成自我反思，培养教师养成热爱集体、热爱幼儿的优秀品质。

（1）健全幼儿园组织文化，坚定教师职业信念

幼儿园组织文化，主要包括制度文化、物质文化和精神文化。其中，制度文化主要指全园教职工共同遵守和维护的行为规范、工作流程和管理机制；物质文化包括园所的空间环境、硬件设施设备和符号标识；精神文化指共享的职业信念、价值标准和教育目标。已有研究表明，良好的幼儿园组织文化对幼儿教师专业能力的提升具有显著影响。幼儿园应该健全完善内部管理制度，帮助教师合理规划个人专业发展目标，通过设立幼儿教师评价、专业进修、园本教研、考核晋级等制度，鼓励园内形成互帮互助小组，构建学习型组织，通过“以师带徒”“以老带新”的方式促进年轻教师专业成长。此外，园长作为幼儿园的领导者也应不断更新管理理念，提升专业素养，保持学习热情，具备强烈的工作责任感和个人魅力，以身作则，坚定园内幼儿教师的职业信念。园长可以通过组织的文化引领，塑造幼儿教师专业发展的共同愿景，形成教师专业学习共同体（PLC）；引导教师处理好合作分享和良性竞争的关系，鼓励教师增强集体责任感，认真对待工作，在工作中体会快乐，在快乐中提升自我修养，自觉将个人智慧转变为集体财富，将集体财富转化为幼儿园的精神财富。

（2）强化师德师风建设，有效开展职后培训

幼儿园要提高教师专业素养，提升专业形象，一方面，要加强师德师风建设，将师德素养教育贯穿于整个幼儿教师专业发展的全过程。首先，适当提高幼儿教师的入职门槛，在招聘时除了侧重考查专业技能外，还应加强对道德品质的把关。其次，定期组织教师群体参加师德师风系列活动，通过主题演讲、讨论交流、表彰大会等形式增强幼儿教师对自身师德的重视。另一方面，幼儿园应该强化幼儿教师的形象意识，定期组织开展关于教师形象教育的主题讲座，利用专家资源和网络技术，鼓励幼儿教师夯实专业素养，自觉矫正并规范自身教育教学行为、班级管理行为、言谈举止表现等，不断提升自我形象，形成具有时代特色的专业人格素养和个性心理品质。

二、构建基于卓越教师培养的幼儿教师教育共同体

（一）教师教育共同体

教师教育共同体是将共同体理论与教师教育领域特质结合，组建一个基于教师教育专业规范的、能推动教师教育积极发展的群体。

在各教育机构共同参与合作过程中，将资源多维整合，挖掘成员的职能弹性，平等友爱，互帮互助，优势互补。教师教育共同体的建设将原本割裂的、各司其职的各教育单位有效衔接，为教师教育发展提供一个高效持久的保障体系。

（二）教师教育共同体的主要特征

教师教育共同体经过不断的演进历程，一直处于实践与探索中，也逐渐具备了自己鲜明的特征。

1. 目标一致性

教师教育共同体的总体目标是师范院校与其合作的参与成员，进行人员互聘、资源共享、优化配置，促进教师专业发展和卓越教师培养及其质量的提高。教师教育共同体中所提倡的“共同的愿景”，即所有参与成员有一致的目标、共同的培育方向，这是其基本特征。建设教师教育共同体之初，共同体内的所有成员应通过调查了解培养对象的资质及学习需求等情况，根据实际情况集体商议，建立一个短期目标和长期目

标，在不同阶段设立近期目标，商议合理有效的培养方案，最终实现总目标。共同目标一旦确定，不要随意变动，只有这样，相关培养措施才能顺利开展，才会有志同道合的伙伴陆续加入其中。教师教育共同体总目标的确定及一致性至关重要，它会是制约和牵引着整个共同体的发展方向，具有凝聚力，成为一个拥有无限智慧的有机整体。确定大目标之后，各参与个体预设子目标及其部署安排都服务于总目标，通过整体协商合作，完成子目标，达到总目标。总之，目标的确定及一致性是教师教育共同体开展一切培养策略的出发点和归属点。

2. 自愿组合性

教师教育共同体的主体由哪些成员构成，这并不是哪个人或者机构加入、退出那么简单。不同的幼师院校在培养学生方面都存在自己的共同体，共同体成员的组成也各不相同，有的来自同一学科的不同方向，有的是跨学科教师共同培养，但以上教师教育共同体成员构成的前提是自愿参加的原则，每个个体具有主体意识，在其清晰地了解将要服务的共同体的属性与培养目标后，能自愿与其他伙伴共同奋战，不能带有“强迫”“必须”意味。

3. 资源开放性

开放性是有机整体赖以生存和发展的特征，分为对内开放和对外开放两个部分。对内开放是整体内部各子单位之间能量、信息和物质的交换；对外共同体的开放是指整体与环境之间信息物质的交换。[①]教师教育共同体中的每个单位都有自己的文化氛围、教育环境、教学科研经验等，彼此之间互相共享，会给共同体提供丰富多样的资源，保障其良好的运行成效。在共同体内，勿要吝啬，不应将自身的资源或其他成员的资源占为己有，此时的资源具有群体属性，供集体所有。通过各要素开放，也会拓宽教师教育共同体的教育思路，以利于多渠道选择相应的资源，进行整合优化，扩大资源库，提高资源利用率，从而能更有效地开展教师教育工作。

① 孟繁华，张景斌等．和谐共生：教师教育共同体的理论与实践[M].北京：首都师范大学出版社，2016.

4. 运行非线性

教师教育共同体是一个较复杂的系统，由多个组织或单位组成共同体运行。而组织之间、各要素之间的联系与作用呈现出一种非线性的现象，即不会随着自己所希望呈现的状态发展。共同体的成员来自不同的社会系统，在内部文化、精神追求、价值信念等都有所不同，因而诸方面的差异性都会或多或少对共同体的运行产生影响，使其运行过程中有多样性的变化。这是正常的，也是有必要的，不同的思维会碰撞出更具有创新性的教育方式。所以，教师教育共同体在运行中必然会呈现出非线性的趋势。

5. 机制灵活性

培养卓越教师，建立教师教育共同体是一种高效的培养方式。建立的共同体，其个体数量、资源的有效整合、交流方式及频率、实践基地的设施及活动类型等都相对稳定，形成一种定式，也因为稳定，才有利于教师教育共同体的良性发展。但是，万事并不能固守成法，一成不变，应视实际发展情况进行及时转变或升级。所以，教师教育共同体在成员结构安排、活动类型的设置、交流方式的途径等方面可根据社会的实际需求灵活调整。

（三）幼儿教师教育共同体建设的原则

幼儿教师教育共同体作为培养卓越教师的重要途径，在构建上，自然需要满足主体性、共同发展性、实践性、保障性和监督评价性五个基本原则，以此促进共同体的健康发展。

1. 主体性原则

参与幼儿教师教育共同体的成员都有共同的动力和目标，在幼儿教师教育的过程中，通力合作，整合和利用整体资源和智慧，使得教育者专业素质得到提高，在逐渐达到幼儿教师专业化的基础上，共同培养出优秀的幼儿教师。因此，一个高效的共同体需要全员的文化融合，团结合作，具有凝聚力及良好的成效性，只有这样，才能让每位成员有为共同体全力以赴的动力。在构建幼儿教师教育共同体的过程中，成员应遵循主体意愿，不应勉强或被其他客观条件强迫。要想成为培养未来幼儿教师的一分子，就要发挥主体能动性，积极探讨，加强交往对话，开展教育活动，发现问题，注重过程性评价及时调整不足，做到尽忠职守，突出每个主体的作用及重要性。

2. 共同发展性原则

共同发展性原则，即共同体成员在运行过程中，集其所能，集思广益，集聚资源，为培养优秀幼儿教师的总目标努力。这不仅有利于促进幼儿教师的高质量发展，也会使自身的思维多样化、见解深度化、教学专业化，最终形成一种“互惠互利”的良好机制。

3. 实践性原则

实践性原则是幼儿教师教育共同体构建必不可少的原则。多个组织单位共同协作的共同体始终是以实践为导向，进行教学及其科学研究的活动，以共同实践回归教育，在实践中锻炼，在实践中检验教学理论，在实践中提高专业素质。共同体的任务是发现、解决进而优化幼儿教师在教育过程中的问题，共同体形成不是简单地签订合约，若无付诸实践，只是形同虚设，没有任何意义。例如，幼儿教师教育共同体能够整合多方资源，引用超前的教育技术，学习高效的教学方法，进而形成自身的教育特色，以此提高幼儿教师职前培养的质量。采取多样化的教育实习形式，延长见习实习时间来观摩优秀幼儿教师在课堂的教学行为，进而改善传统教学中职前幼儿教师实践能力弱的问题。幼儿教师应该走进学前课堂，亲身体验，在深化教育理论的基础上提高幼儿教育研究的实践价值。

4. 保障性原则

幼儿教师教育共同体建立的前提是要具有保障性。幼儿教师教育共同体本身就是一个集聚的组织、一个比较复杂的教育系统，涉及诸多单位成员，需要大量的各类资源支撑，因而在建设的过程中需要有一个稳固的保障系统，如制度保障、组织机构保障、师资队伍保障、教育资源保障、政策以及经费保障等，以维持幼儿教师教育共同体能够长期有效地运行。

从以往的相关理论与实践探索来看，幼儿教师教育共同体的有效运行需要建立保障机制，而且各项保障措施还需要进行有效整合，形成整合化的完整系统。

（四）幼儿教师教育共同体建设的意义

幼儿教师教育共同体的形成凸显出独特的功能性，具体实践意义如下。

1. 强化培养主体职能，提高教师教育质量

幼儿教师职前培养是幼儿教师职业生涯中最为关键的阶段，在幼儿教师个人发展过程中有着举足轻重的作用。通过师范大学与其他组织单位的有效合作，进而提高职前幼儿教师的质量。在幼儿教师教育共同体内部，幼儿教师可以与其他组织内的专家型教师、学者有更深层次的学习交流与互动，国家岗位置换的政策给在校学生一个到真实情境实践的机会，也让幼儿教育的在职教师有机会接受高质量的在职培训。教育管理部门的统筹调控，高校派送在校师范生或者教育硕士到合作单位，可以亲身体验幼儿教育，进而树立为幼儿教育行业服务的职业理想。与师范大学联盟的其他高校可以委派各自领域的专家参与到幼儿教师教育的培养中来，开展相应的论坛、学术报告，弥补各单位在职幼儿教师的理论欠缺，使其更快地达到优秀幼儿教师的标准。幼儿教师教育共同体，不仅解决了幼儿教育教师培训与研修难、少的问题，还使教师教育理念与时俱进。无论是提高理论水平，还是基于自身的优势，都可以给予实践基地的实习生专业的评价与指导。

2. 整合与共享群体智慧与资源，提升资源利用效能

幼儿教师教育共同体的建设能够有效地将多方的教育智慧与资源进行整合与共享。幼儿教师是开展幼儿教师教育中最重要的资源，拥有一个多元化和高质量的教师队伍，幼儿教师的培养任务也就成功了一半。通过构建幼儿教师教育共同体，可以整合和优化来自不同组织的幼儿教师资源，还可以由其他高校、政府部门的优秀工作者及其他企业单位的精英，以及科研人才担任在校师范生的兼职教师，这些组成人员与高校教师共同进行科研与实践的指导，共同致力于幼儿教师的培养工作。

幼儿教师教育共同体内的每位成员都拥有特色的教育资源。由于共同体的本质属性是一个组织、一个合作共同体，具有要素开放性的原

则，所以，自身所带的资源会因共同培养过程中某一环节的出现、对某一问题的探讨或是某次交流互动等因素一点一滴聚集起来，最终就像无数条小溪汇聚成汪洋大海一样，这些资源会被整合成为一个巨大的资源库，是幼儿教师教育共同体在开展幼儿教师教育理论与实践研究的精华与集体智慧，各成员间可以相互共享使用。幼儿教师教育共同体通过自身属性与特点将优质教育进行整合与共享，让资源价值发挥最大化，从而更好地服务于优秀教师的培养。

3. 打破职前职后壁垒，构建教师教育一体化新格局

对于幼儿教师教育共同体的建设而言，从其参与的主体来看，开展幼儿教师教育，培养优秀幼儿教师，已不再是师范院校一方的责任或只局限于高校之中。师范院校、教育行政部门、幼儿教育机构和其他事企业单位参与的共同培养机制，让幼儿教师教育中的学校教育、职业体验、教学实践以及社会教育相融合，有效地优化统合了各方教师教育资源。

幼儿教师教育共同体的建立完全打破了传统的教师培养模式，即幼儿教师职前培养与职后培养相脱离的状态，以及教育行政部门、师范院校、幼儿教育机构以及其他单位各司其职、忽略交流的局面。基础教育、职业学校以及事企业单位不仅为学生提供实践基地，还会有专门的人力资源指导，如优质的班主任和学科教师。幼儿教育机构也会间接提高理论知识，更好地指导教学活动，高校也会对幼儿教育的教育活动进行分析，教育部门做好政策保障及设施服务等，其他相关组织可以对开展幼儿教师教育的师资队伍指导培训，这样便于各主体之间紧密联系。各有侧重，相互融合，高效实施，促使幼儿教师职前职后有效衔接，实现幼儿教师教育一体化，提升幼儿教师整体质量。

4. 促进教师教育课题研究，提高教师科研水平

幼儿教师教育共同体有丰富的资源库，可以开展幼儿教师教育课题研究，申请国家级、省级项目。集思广益，共同探究，不仅提高了参与者的科研水平，还会增加幼儿教育教师对于科研的热情，培养出一批教学与科研共承担的研究型幼儿教师。

（五）基于卓越教师培养的幼儿教师教育共同体建设策略

幼儿教师教育共同体的建设有利于促进优秀教师的全面发展，对于幼儿教师教育质量的提升也具有重要意义。

1. 营造互动共生的合作文化

（1）促进文化融合

建设稳固的幼儿教师教育共同体必须要促进合作方的文化融合。吴康宁教授曾提出，高校与幼儿教育的合作培养计划要想有深度地可持续性发展，文化融合是必经之路。文化融合则是让教师教育共同体回到教育本身，结合目前教育背景、问题以及未来前景，再基于自身对于教育理论与实践的认识与掌握，找到二者的契合点，进行融合，共同探索，慢慢呈现出在教育问题解决、教育思维、教育文化等方面相似或认同的文化取向，这不仅是对合作单位及其工作人员的认同，也是对教育环境和教育方法的认同。促进教师教育共同体体制内的文化融合，即高校与幼儿园、中小学、中等职业技术学校等在合作中经历不同文化的碰撞与交流，互相影响、互相磨合，进而产生一种可以推动合作高效运行、高质量的融合文化。

（2）加强对话式运作

首先，高等学校与幼儿教育机构通过建立深度交流机制，了解幼儿教育机构对优秀幼儿教师的期待与诉求，并制订合理的课程计划。同时，幼儿教育机构还可以提供更多见习实习机会，更好地了解、选拔学校中的师范生。其次，在幼儿教师培养的内容方面加强交流，在培养过程中，共同体成员之间可以通过线上或线下等方式，及时反馈和沟通学生在课堂考核和实习中的表现，根据学生的特质，共同协商制订培养计划。最后，幼儿教师教育共同体之间可以定期开展关于幼儿教师培养的交流会议或者学术论坛，展示各自成果并分享经验，进行思维上火花碰撞，给予对方理论与实践的启示，从而促进幼儿教师队伍的专业发展，提升幼儿教师的培养质量。

（3）建立共同的发展关系

培养具有创新能力的教师不再是高校一方的责任，所以要通过合作来完成人才培养，合作会推动发展，获利多赢。而合作的关键在于建立共同的发展关系。幼儿教师教育共同体建设的首要任务就是要打破合作单位凭借一份协议，之后各自为政，在实习培训等方面单向思维运转的局面，重在开展主动性联合，全程多方位联动的平等合作。“共同发展”关键在“共同”，这就需要共同体成员在同等地位提出价值观念，基于责任意识、目标共识的发展方向，主动调整合作状态，为共同目标的实现而努力。

2. 加强基础制度的合作保障

（1）建立管理组织机构

要确保幼儿教师共同体的健康发展，就要建构一个稳定的管理组织机构，以加强基础制度建设。要吸纳具有共同理想信念的相关单位或个体，聚集多方力量，整合和利用多样化资源，由组织机构负责整体调控运行，在时间、地点、内容、人员、途径、方法、评价等方面进行明确且具体的规划，形成多主体的协同治理机制，发挥共同体的最大功能，进而在幼儿教师培养项目上达成共赢的局面。

（2）改革激励制度

幼儿教师教育共同体在培养优秀幼儿教师的进程中，需要建立基本的奖励机制，以体现培养幼儿教师的工作价值。在优秀教师的评选、教改项目的立项等科研方面给予一定的倾斜，以激励教师参与合作研究，共同发展进步。同时，参与培养工作的优秀教师获得领导和第三方的肯定与支持也会激发其更大的教学热情。

（3）加强经费管理

幼儿教师教育共同体的有效运行，离不开经费保障。涉及幼儿教师培养所需的项目的各项开支都需要予以一定的经费支持，如教师的外聘、实践基地建设、学生的实践活动、教师的培训进修、科研基金等都需要学校、政府部门予以相应的资金支持，所以，幼儿教师共同体需要纳入政府财政，也可以制定岗位津贴标准等来维持合作。当然，有了经费，一定要严格把控和管理好每一笔经费的使用，合理输出，把经费用到刀刃上。

第五章　幼儿教师职后教育体系的变革

在教师队伍整体水平提升的过程中，职后教育作为核心组成部分发挥着重要作用，并在加强幼儿教师专业性的同时推动我国幼儿教育教学水平不断提升。20 世纪 80 年代，我国开始重新对教师进行培训，以幼儿教师培训机构作为依托平台，到目前为止已经逐步形成了较为完善的体系，为幼儿教师的职后教育和专业发展做出了重要贡献。

第一节　幼儿教师职后教育的目标

一、入职教育为新幼儿教师适应专业工作提供“润滑剂”

幼儿教师入职教育属于职后教育，之所以将入职教育从职后教育分离出来，主要是因为新幼儿教师在入职的两三年内是适应幼儿教师工作的关键期。虽然幼儿教师通过职前教育已经具备了一定的教育专业知识与能力，成为合格的专业工作者，但是入职后幼儿教师所要面对的教育实践问题却非常复杂。一是学生的复杂性，幼儿教师面对的是极富个性、具有巨大潜能和创造性的复杂的受教育者个体，而且还是一个正在成长中的身心尚未成熟的个体。二是学校系统的复杂特殊性，需要幼儿教师不仅要面对复杂的学生，还要面对教育需求各异的家长。三是教育情境的复杂性和不可复制性。

这些问题都需要幼儿教师以极高的教育智慧去应对，仅靠职前教育所学的教育专业知识是难以解决的。因此，全日制的班级教学，缺乏在复杂教学环境中的决策技能，使一些初任幼儿教师无法应对现实的冲击，常常感到压力和责任过大，产生强烈的焦虑或挫折感，由此导致新幼儿教师在入职的两三年中因为许多难以适应、难以应付和难以解决的困难而丧失信心，出现职业倦怠甚至大量离职现象。造成这一问题的原因是多方面的，除了幼儿教师入职面临的许多困难（总括起来主要有教学和班级管理问题以及对学校社会系统的适应问题）以外，缺乏及时的指导和帮助也是幼儿教师离职的主要原因之一。

由于缺乏指导与帮助，新幼儿教师在应对问题和困难时常常感到不知所措，因此，在新幼儿教师入职的两三年中，必须对其进行相应的教育辅助，帮助其解决职业适应阶段所面临的一些实际问题和困难。入职教育要像“润滑剂”一样帮助幼儿教师顺利渡过这些难关，减少其挫折感，以便增强其信心，提高工作效率，为其进一步的专业发展奠定基础。这是入职教育的重要目标和任务，也是将入职教育从职后教育分离出来的根本原因。

二、职后教育要成为幼儿教师持续专业成长的“加油站”

幼儿教师职后专业成长的路径大致有二：一是在教育实践中不断提升专业水平，二是通过职后教育不断促进幼儿教师专业发展。幼儿教师之所以要进行职后教育，就是因为在当代社会，信息技术、数字技术、智能技术的快速发展，极大地改变了人类的生活方式、工作方式、教育方式以及学习方式。

教育观念的快速更替，学习方式与学习手段的巨大变化，教育技术手段的日新月异，都迫使幼儿教师在职后必须及时更新知识与教育观念，快速掌握最新教育技术与教育手段，提高教学效能。由此，幼儿教师要顺应时代发展对教育的要求，满足幼儿的求知需求，从而胜任幼儿教师的工作。可见，职后教育就是幼儿教师成长的“加油站”，不断为幼儿教师补充新动能，使其在提升专业技能方面更扎实。

第二节　幼儿教师职后教育的现状

一、幼儿教师职后教育培训内容上针对性不强

对于大部分的职后教育而言，传统的培训内容一般都是由行政安排的形式指定的，培训院校和教师依照规定课程开展培训工作。教师统一在同一地点接受内容相同的职后教育，没有合理区分年龄、职级和工作需要，培训内容和幼儿教育教学实际情况相脱节。这种职后培训形式难以有效解决来自不同阶段一线教师的问题和困惑，培训方不能提供一线教师真正需要的培训内容。长期以来，幼儿教师职后培训的理论研究还不够科学系统，往往采用自上而下的方式开展，培训内容宽泛，培训进度和要求僵化，呈现出“填鸭式”“满堂灌”的教学形式，没有切实把握教师现状，甚至部分地区盲目借鉴外省和国外经验，一味采用外来的培训模式，忽视了对本土化培训模式的研究和挖掘，呈现出“一哄而上，一哄而散”的现象。对于幼儿教师职后教育课程而言，没有进行科学合理的设计和系统安排，以达到提升幼儿教师教学方式转变和教学水平提高的目的。另外，没有及时听取基层教师的呼声和需求，在课程安排上缺乏与实际相结合的调研。这些都使幼儿教师职后教育的内容缺乏系统性。

除此之外，培训针对性不强突出体现在解决幼儿教育实际问题方面，职后教育培训过程中的针对性课目设置较少，尤其是随着网络时代信息交换速度的加快，学生能够接触到的新鲜观点和事物逐渐增加，已经具有不同于传统学生的学习方法和观念，这也要求幼儿教师职后教育应当体现针对当下学生特点的教育方法和内容。

二、幼儿教师职后教育缺乏统筹安排

现阶段幼儿教师参加的职后教育由各种不同主体举办，如有所在学校举办的校本职后教育培训，有所在区和市教育局举办的职后教育培训，也有省教育厅举办的职后教育（如省培计划），还有国家级的教师职后教育如国培计划等。目前较为突出的问题是，各级职后教育缺乏统筹

安排，在授课内容上往往相互重复，在培训时间上也时有冲突发生。从职后教育体系的课程整体架构设置来看，表现为“理论性的多、基础性的少，重复课程多、专业模块少，固定课目多、受训人员选择少”等特点。

另外，各级职后教育缺乏统筹安排还表现在教师职后教育往往都不具备连续性和整体性，许多幼儿教师职后教育往往以短期专题教育的形式展开，但不同主体之间举行的幼儿教师职后教育相互没有联系，也达不到相互补充形成完整教学体系的目标。同时，幼儿教师职后教育也缺乏统一的考评制度，幼儿教师职后教育的培训效果缺乏科学性、系统性和实效性的评价标准，这在无形之中也降低了幼儿教师的参与热情。

三、幼儿教师职后教育师资和教育方法不适应教师需求

培训时间、师资和教学方法是幼儿教师职后教育最为重要的三个培训资源，培训时间的科学合理安排能够使幼儿教师培训效率得到有效提升，培训时间应当根据培训类型和在职教师参与培训的时间具体确定。在实践中发现，许多教师职后培训教育的时间与教师的工作和休息时间相冲突，长此以往容易导致幼儿教师参与培训的积极性下降，让培训流于形式。另外，虽然一些培训采用的是短期培训的形式，但是难以保证培训时间，经常出现教师刚有收获培训就结束的情况，给幼儿教师发展造成阻碍。

师资力量也是教师职后培训至关重要的组成部分，一些幼儿教师职后培训机构或教育部门没有完善的师资队伍，授课教师的整体素质还达不到标准，在培训时仅仅局限于对理论知识的讲解，不能满足现实中的教学需求。同时，教育部门在邀请专家学者时没有预先做好评估工作，出现授课专家能力水平差异较大的情况。

在职后教育培训过程中教学方法的选择难以与实际案例相结合，没有突出受到在职幼儿教师关注的教育教学热点内容，缺乏和教学重难点的有效结合，与课程标准以及学科教学中的典型问题不一致。从教学内容的设计上能够看到，教学实施的特点表现得还不够突出，没有充分发挥培训课堂在教学工作改进和教学技能提升方面的作用，忽视了培训主体的主观能动性。此外，在培训过程中，对受训幼儿教师的关注度不足，系列课程的研发没有充分结合受训幼儿教师的特点，使得教师职后教育缺乏宏观层面的统筹安排。

四、幼儿教师职后教育中工学矛盾比较突出

现阶段许多幼儿教师存在教学工作和在职学习时间相冲突的情况，对职后教育的参与积极性造成较大影响。产生这一问题的原因主要集中于教师的工作任务重、压力大，结合实际分析，多数幼儿教师课时安排都十分紧凑，再加上一些学校长期实行坐班制，幼儿教师在参加完在职培训之后需要补上落下的课程。

当学校工作和职后教育的时间安排产生冲突时，幼儿教师往往会放弃参加培训而选择进行日常教学工作，多数幼儿教师的职后教育都在空余时间完成，以此来保证日常的教学工作。正是由于上述原因，使得幼儿教师职后教育存在一系列矛盾，培训时间的合理安排可以使幼儿教师有时间和精力参加职后教育，真正实现从“要我学”向“我要学”的转变，这是提高培训效率需要考虑的重要问题。

第三节　幼儿教师职后教育体系的建构

一、建构“面向实际多元融合”的职后教育模式

（一）“面向实际多元融合”模式的含义

“面向实际多元融合”中的“面向实际”就是要面向幼儿教师职后教育政策和幼儿教师职业特点的实际，就是要面向全省各地市的教育资源实际，就是要面向新、老幼儿教师各层次不同需求的实际，就是要面向信息化时代教学方式创新改革的实际。“多元融合”包括两个方面含义：首先是各个层级教育管理部门与各个学校、幼儿教师对职后教育各个环节的资源融合，其次是职后教育各个层次培训主体的有效互动（主要指所有幼儿教师培训、精英幼儿教师培训、新幼儿教师培训全方位互动合作）。“面向实际多元融合”教育模式的含义如下：由政府教育机构联合幼儿教师进修学校确立全局指导，充分依靠幼儿教师职后教育学校的本地资源和优势，全面发挥并拓展以各级教育管理部门为中心的资源辐射功效，在各级教育行政机构的统一组织下，依据受训幼儿教师的综合能

力素质将现有幼儿教师培训的资源合理统筹、分层多元配置，针对受训幼儿教师实际分层设定职后教育目标和具体教育方式，实现学校目标整体提升与幼儿教师提高个人学习技能的“双满足”。

（二）“面向实际多元融合”教育优化模式的整体架构

在构建面向实际多元融合教育优化模式的过程中应首先考虑从整体上解决以往模式当中存在的弊端。幼儿教师目前所开展的职后教育还有很多问题，如缺乏针对性、内容不成体系、教育规划不合理、工学矛盾冲突等。要切实根除这些弊端，就要构建一个切合幼儿教师职后教育真实需求、多元融合的幼儿教师职后教育体系，使幼儿教师职后教育体系实现纵向“自上而下全面统筹规划、自下而上各级职责落实”，横向“分工界限清晰、课目定制明确、课程合理设置、联动畅通有效”；幼儿教师自学应基于个人授课经验或是自身兴趣爱好强化重点、扩大学习范围。

“面向实际多元融合”模式可促进幼儿教师自身专业性建设，从而为受训幼儿教师建立一个全新的梯级培养平台，使幼儿教师保持持续学习状态，并加强其职业精神建设，进而打造一支业务能力强、道德素质高、结构完善的专业幼儿教师团队。

（三）“面向实际多元融合”模式的领导与统筹规划

1. 职后教育授课内容的统筹规划

幼儿教师开展职后教育的一系列课程，应严格按照“加强教学知识水平建设、注重自身专业技能提升与科研发展、提升幼儿教师队伍综合素质”的基本要求来实施。结合幼儿教师“初任—适应—提升”三个发展阶段设置课程，归纳起来主要分为三个组成部分：以校本培训为核心开展的各种基础课；以加强专业技能建设为核心的各种实践课；基于改革研究为核心的一系列理论课。建立“实践定音、三性统筹”相对完善的课程设置模式。“实践定音”对于理论课程、实践课程、基础课程而言，首先要将实践课程放在第一位，同时，也要考虑基础课程或是理论课程两者的协调性。“三性”也就是基础课程具有三种特性：第一是先进性，第二是实践性，第三是理论性。“三性统筹”基于课程设置环节应着重于基础课程优势，此外，还要考虑实践课程的效果，也不能忽视理论课程的指导性。

2. 职后教育授课方式的统筹规划

对于职后教育，可以以“院校互动”形式为主，逐步强化培训效果，这种合作关系极为普遍。也可以，实施“院校联动”，“院校联动”主要以受训幼儿教师作为培训对象，以幼儿园为实训基地，侧重于幼儿教师自身教学实践水平的提高，主要是将培训理论直接应用于实践，培训效果显著。

(四)“面向实际、多元融合”模式的分工与协作

1. 师范类院校在职后教育方面的分工与任务

发挥师范类和在职培训类院校专长，与省内幼儿园协调沟通并制订全年省内幼儿教师职后教育培训年度计划、季度计划、月计划，安排或邀请省内名校教授专题讲座、组织省内幼儿教师集中教育培训，确定专家、教授、专业讲师全年到各幼儿园现场教育培训的具体方案。

2. 各幼儿园在职后教育方面的分工与任务

各幼儿园制订以本校培训为基础、工学结合的年度校本培训计划及季度计划、月计划、周计划，要组织本校教师分专业、分层级进行集中培训交流，协调组织上级专家和优秀教师来本校交流授课，组织本级职后教育考评。

3. 幼儿教师在职后教育方面的分工与任务

在职幼儿教师根据所在幼儿园的职后教育培训计划制订切合自身实际的自学提升方案，根据自己任课专业进行系统学习。以优秀幼儿教师的素养为标准不断提升教学水平和师德；以不断学习新知识、接受新信息、创新教学方法为己任，积极参加所在幼儿园的各类教育培训，并通过参加各类培训和交流不断提升教学能力。

(五)“面向实际、多元融合”模式的教学内容

1. 面向教育改革的实际情况

国家采取了多种措施完善政策体系、推进教育改革创新、改善幼儿

教师结构、转变传统教育理念。由此，幼儿教师职后教育应根据教育改革现状，结合实际情况，不断进行改革创新。要注重创新教育理念，提升信息化教育技术，优化教育资源配置，建设高素质专业化创新型幼儿教师队伍。

2. 面向教材改革的实际情况

幼儿教师职后教育要适应教材内容的发展变化，跟上教学改革的步伐。要比较新旧版本两者的差异，并基于此开展后续的研究交流，或基于教材革新的不同组成部分开展相应的授课培训。总体来看，应以培养幼儿教师为主，借鉴新材料，以便后续授课可以适应教材改革变化。

3. 面向学生与家长的实际情况

现如今在社会动态化发展、信息多元化背景下，作为社会细胞的家庭结构发生了明显变化。比如，单亲家庭的孩子，留守儿童，有网瘾的孩子等。面对这些新情况，幼儿教师面临很多困惑和教育难题。职后教育应结合社会和家庭出现的新情况，及时进行研究并提出切实可行的解决办法，在职后教育中给予幼儿教师以方法、理念、实操等方面的指导，这是“面向实际、多元融合”等良好的教学模式不可缺少的一部分。

（六）“面向实际、多元融合”模式的授课方式

1. 传统教育与远程教育相结合，突破时间空间限制

对幼儿教师所进行的职后教育培训，要适应社会发展，把握信息化发展趋势，将集中培训与自学方式相结合。此外，结合信息化技术开展互联网远程教育，互联网教育的影响力是不容忽视的，对于远程教育而言教学资源更丰富，通过互联网以专门的传输系统或是各种不同的传播媒体开展教学活动，方便为幼儿教师创造一种全新的灵活度较高、相对便捷的学习模式。如此一来，极大地能减轻了幼儿教师的职后教育压力。

2. 专题培训与沙龙研讨相结合

基于“面向实际、多元融合”的教育模式，可使专题培训、沙龙研讨等形式相互结合。对特定专题或是相应知识点、案例，组织者可以采取

集中培训、专题讲座、邀请行业专家或经验丰富的精英幼儿教师，对参训幼儿教师提供专业化培训。也可以通过举行各种形式的沙龙创造宽松的交流环境，进行开放式讨论，与会者均可以结合理论和教学实际发表各自意见。

3. 必修课和选修课相结合

省级到校本各种专门的职后课程可划分为必修课和选修课。选修课的设立给参加职后教育的幼儿教师提供了多元化的选择。根据所教的课程以及自身的兴趣爱好、学科短板等，结合各大院校教学优势、各地区社会人文条件、专家学者的研究方向及特长等，使学习的课程满足个性化的需求，符合教学工作发展目标。

（七）“面向实际、多元融合”模式的考核与监督

1. 360 度考核法的应用

360 度考核法源于国外，最早出现在 20 世纪 80 年代，应用范围较广。这种考核模式突破传统基于上级满意度考核的限制，通过各个视角对考核主体作出全方位评估。考核结果更加符合实际情况，具有很强的客观性和说服力。以 360 度考核法对幼儿教师职后教育进行评价，考评小组从职后教育的组织人员、幼儿教师自身的评价、幼儿教师的工作伙伴、家长、学生等各个视角进行访问，收集资料、统计数据，并做好归纳分析、对其打分，最后确定量化的分数值，以便评估效果。

2. 职后教育成绩纳入幼儿教师职称和工资评定

加强对职后教育成果的运用。为增强幼儿教师参与职后教育的积极性和自觉性，通过一定的激励来确保职后教育取得相应的效果，应将职后教育成绩与幼儿教师职称评定、晋升和工资增长相挂钩。教育管理部门应建立制度，将各类幼儿教师职后教育成绩进行归档，结合职称评定权限逐级汇总幼儿教师职后教育所取得的教育成就，将其列入幼儿教师职称评定体系的一部分，从而提高幼儿教师对职后教育的重视程度，增强培训效果。

二、教育管理部门对幼儿教师职后教育的改进措施

（一）推进职后教育法治化建设

对整个教育行业而言，法治建设有利于提高教育行政管理效率，提高教育教学质量。20世纪90年代，德国政府出台了《教师继续教育法》，从法律上明确规定幼儿教师应参与一系列加强幼儿教师在职教育的活动，如果幼儿教师没有达到进修的要求，则幼儿教师资格面临被取消。借鉴发达国家的法治建设成果，我国提出了具体的幼儿教师职后教育的基本要求，但是配套性法规不完善。推进职后教育工作，应以立法的方式为幼儿教师职后教育提供良好的法律保障，出台可行性较强的幼儿教师职后教育法规，对幼儿教师培训机构的设立、教育经费、幼儿教师资格的认定、考核模式，教师在不同的阶段接受哪种类型教育，均需要以法律或法规的形式予以明确。此外，构建囊括幼儿教师的入岗、职称晋升、工资增长等一系列的保障机制，从而促进幼儿教师职后教育规范化、法治化发展，让幼儿教师不仅拥有深入学习的权利，还有加强职后教育的义务。

（二）以多元融合为目标建立多维立体教育基地和网络

1. 建立校际协作制度，组建区（县）域内幼儿教师职后教育流动站

由于一些幼儿园规模不大，幼儿教师较少，校本培训的效果有一定局限性。因此，可以在相邻的区域内建立校际协作机制，构建不同学科专任幼儿教师的职后教育流动站，形成常态化的交流学习制度。流动站由不同学校的教师轮岗主持校本培训，开展教学研讨、沙龙等。也可以由几家学校共同邀请教育方面的专家学者进行专题讲座，针对共性问题答疑释惑。校际协作制度的建立及区域内幼儿教师职后教育流动站的组建，可以很好地整合资源、取长补短，增强幼儿教师的竞争意识和创优意识，达到共同提高的良好氛围。

2. 建设多元化、有特色、分层次的职后教育基地

幼儿教师职后教育基地的确定，对于幼儿教师职后培养的成效具有非常关键的作用。应根据幼儿教师的教学水平、从业阶段、学科类别、

培训需求等建立多元化、有特色、分层次的职后教育基地，以满足初、中、高级不同层次、不同阶段、不同需求人员深造的需要。一些师范类的名牌院校，有较强的教学实力和优质的幼儿教师资源，无论从理论的深度、实践的广度还是科研成果方面都是教育培训领域的领军者。对于优秀幼儿教师来讲，进入这一类的名牌院校进行职后教育培训，可以丰富教育理论、增强学习的系统性，对一些教育教学中新出现的难点得到权威的解答和指导。积极打造特色幼儿教师职后教育中心，针对教育心理学等专业领域，在专家的带领下让有兴趣的幼儿教师开展研究工作，丰富理论和实践知识。多元化职后教育基地的建立，将以往"大水漫灌式"的培训模式改为"滴灌式"的精准培训，从而提高幼儿教师职后培训的针对性和实效性。

3. 加快建设幼儿教师远程教育网络

现如今，互联网改变了人们的生活习惯和工作、学习模式。教育部门应把握好网络教育的良好发展时机，打造专门的幼儿教师职后教育线上平台。建立基于数据库的一系列优质教育资源，将专题讲座、优质公开课、研讨交流等由线下搬到线上平台，幼儿教师通过反复观看教学视频，参与线上课程直播等形式，实现资源利用效益的最大化。

（三）针对职后教育需求实际融合打造过硬师资队伍

教育部门要制订幼儿教师职后教育培养和发展规划，建立幼儿教师职后教育人才库，实行动态管理。对参与职后教育培训的师资队伍要进行严格的目标管理，建立完善的、公平合理的目标考核机制和评价体系。对于这些培训的幼儿教师，要完善准入资格，严格审查其资质及在专业领域取得的成果，避免出现滥竽充数、照本宣科的情况。要建立相关的制度措施，用实绩考核师资。建立起听课、评课及学员打分等的综合评价机制。对职后教育培训机构应该引入竞争机制，让学员掌握选课的主动权，让优秀的培训团队、学员喜欢的教师，在职后教育培训中起到主力作用。对于那些在职后教育中照本宣科、教案一成不变，没有起到应有教学效果的教师，应该建立清退机制。要加强教育教学科研师资队伍建设，通过建立学科带头人、名师工作室等方式起到引领示范作用。

三、各学校对幼儿教师职后教育的改进措施

（一）建构校院融合互动的职后教育学校模式

1. 校本培训的特点

校本培训最开始出现在20世纪70年代，在西方教育研究中兴起。20世纪80年代，国内教育界人士在我国进行推广。校本培训是指以学校为单位，根据学校的需求和教师的教学水平，通过自主组织校内教师培训，提高教育教学水平的在职培训模式。校本教育有以下特点：第一是长期连续性。校本培训是在校内组织开展，所以学校可以制订长期的培训计划，并利用每周固定时间进行讲座和开展学习。第二是有较强的实践性。校本培训侧重于培训人员与学习人员两者的互动交流，通过传帮带等多种形式，将理论与教学实践紧密结合起来，因而有很强的针对性。第三是具有灵活性。校本培训可以结合现状合理确定培训时间、明确主题内容，并结合学校的教学实际随时进行调整。第四是经济性。校本培训减少了幼儿教师外出培训成本，缓解了学校和幼儿教师的经济压力。以校为本构建的职后教育模式，大都是结合本校幼儿教师的工作现状与实际需求进行的，其针对性强，实现了教学研的统一。

2. “院本”培训的特点

“院本”培训是在教育行政部门的规划指导下，基于大中专院校专业的优势与资源，结合接受培训幼儿教师的需求，由院（系）指定教学经验丰富、专业能力较强、在教育领域有学术成果的优秀幼儿教师，对幼儿教师职后教育进行专门培训，将自己的教学经验和教学能力无私地传授给新的幼儿教师，使之获得启发和收获的培训模式。“院本”培训模式呈现出以下特征：首先，将院（系）设为培训基本单元，可以全面利用其教学资源优势，依托优秀幼儿教师、教育专家的教学实践经验和院校自身适宜的教学环境，促进幼儿教师学习发展；其次，职后教育的培训内容由院（系）结合各期参加培训的幼儿教师特点加以细化，突出重点，针对性、可操作性更强；再次，培训方式完全可以将授课与其他交流渠道相结合，让培训更加灵活生动；最后，授课的对象大部分是学院的学者或某一领域的专家，理论层次高、科研成果丰硕，对学员开阔视野、提

高眼界有很大帮助。

3. 校院互动的职后教育学校模式

校本培训模式和院本培训模式各有特长,但各自也有一定的局限。校本培训以注重教学实践为主,理论研究不够。院本培训能够站在一定的理论高度和学科前沿对教育教学工作进行指导,但由于较为理论和宏观,导致与实际教育教学工作结合不够紧密,往往容易出现理论与实践"两张皮"的现象。构建校本与院本二者相结合的职后教育模式,可发挥双方优势,形成互补,增强培训效果。对职后教育来说,校本教育是日常开展的、经常性的培训和学习,与本校教育教学实践结合最为紧密。幼儿教师应将校本培训放在第一位。各幼儿园在注重校本教育的同时也应经常邀请研究专家或是院校学者来校传播全新理念,结合实际对业务进行指导、对问题进行探讨,以此促进校本培训效果不断提高。

院本培训要求幼儿教师进入各大院校完成集中式专业训练和学习。其研究的深度和广度、理论性和前瞻性对职后系统性教育起到非常强的指导作用。为解决院校脱离教学实际的问题,院校学者应经常深入幼儿园对校本培训情况进行调研,与基层学校构建良好的合作关系形成互动模式,把校本中的不足在院本教育中得以完善。同时,让院本教学更有针对性和操作性,建立校本与院本二者相互融合的职后教育模式。

(二)建立贴合实际的幼儿教师职后教育科学管理机制

幼儿教师职后教育涉及面广、内容庞杂,其开放性的特征明显。为使职后教育得以正常进行并取得良好效果,需建立完善的科学管理机制。

1. 构建良好的评估机制

为保证幼儿教师职后教育的实施,教育行政部门和学校都制定了一系列制度措施,其中不乏惩罚手段,如幼儿教师未能及时参与相应职后教育,就会导致其年度个人考核名次降低,甚至难以晋升职称或是续聘等。幼儿教师大都基于有关规定参与各种形式职后教育,但因为这种学习方式过于被动,因而不能产生较好的学习效果。良好的评估机制可以促进幼儿教师职后教育的发展,让幼儿教师能积极主动参与职后教育,实现职后教育内容的优化。

应将社会、学校与自我评价相结合，并由此构成一种适应于职后教育发展的评价制度。这一制度的设定应符合以下原则：第一，基础性原则。在构建评估机制过程中，应顾及目前所有幼儿教师的实际水平和预期目标，根据大部分幼儿教师自身学习水平与发展程度，按照循序渐进、不断提升的基本原则实施。第二，民主性原则。评估机制的构建应了解幼儿教师所提出的建议，听取各方意见，在此基础上不断改进培训内容和培训方法。第三，激励性原则。对幼儿教师而言，幼儿教师职后教育是继续教育的重要组成部分，要重视成人学习的基本心理特征，如认可程度、激励机制、自身需求等。第四，持久性原则。对于幼儿教师而言，幼儿教师职后教育是其持续性的学习行为，知识积累和专业能力提升并非一朝一夕就能达到，它是一个漫长的过程。因此，评价机制要体现出时间轴的科学性。

2. 建立领导（园长）负责制

这里所说的领导，从广义层面来看，代表着各级教育行政部门或是职后教育机构的管理者；从狭义层面而言，主要指园长。对幼儿教师的职后培训，应建立起各级教育行政部门、教育机构管理者和各幼儿园园长为第一责任人的责任机制，充分发挥其领导责任、组织责任、引领作用。一是要高度重视幼儿教师的职后教育培训。将幼儿教师职后培训纳入重要的工作议程，建立领导小组和协调机构，立足当前着眼长远，制订相应的幼儿教师职后培训工作规划。从培训目标、培训内容、课程设置、授课人员、目标群体、评估考核、奖惩机制等各方面进行认真研究，制订切实可行的工作方案，建立分层分类的培训教育体系。二是管理者应致力于创造良好的协调合作机制，有效发挥各类培训资源的作用，加强幼儿教师职后课程开发、评价、规划、研究。将校本放在第一位的幼儿教师职后教育，明确了园长负有的组织领导责任。园长需要掌握更多专业建设的有关理论，掌握幼儿教师成长发展的基本规律，了解学校的基本需求，尽可能让职后教育符合幼儿教师的期待，满足幼儿教师自我发展的需要。园长也要主动参与到校本培训的讲课、研讨中，起到示范带动作用。只有园长发挥其主观能动性，才能为职后教育创造良好的条件和环境。三是要提高培训的针对性。通过各类调研、评估，在广泛听取各方反馈的基础上，找准幼儿教师职后培训的短板和不足，以问题为导向，改进幼儿教师职后培训的内容和方式方法。使幼儿教师职后培训,真正成为幼儿教师愿意参与、提高教育教学质量的有效手段,进而达到培训的预期效果。

3. 建立健全幼儿教师职后教育监督约束机制

监督约束机制可以强化教育行政管理效果,促使教育政策得以实施,以便达到更好的工作效果。现如今,幼儿教师职后教育存在重量不重质的现象。主要体现在:培训没有新意,不能解决实际问题,缺乏有效性、针对性;相同的内容重复培训,造成时间、资金、人力资源的浪费。由于培训模式僵化,造成了培训机构和参训的教师,都是为了完成培训任务而培训。因此,构建良好的幼儿教师职后教育监管制度,对培训质量和效果进行评估和约束势在必行。

首先,要建立包括教育行政部门、各个职后教育机构、高校、幼儿教师队伍等一系列研究学者、专家共同组成的督导组。督导组的主要任务是基于幼儿教师职后教育执行效果作出正确评估,最后向教育主管部门汇总相关情况,提出合理意见。其次,要建立效果评估和监督制度,制定培训机构和师资的退出机制。在以往,往往是教育行政部门下达职后培训计划、人次之后,由各学校上报参训教师名单,各大院校或者培训机构具体承担培训任务。这种做法,虽然看似有计划、有安排、有落实、有总结,但是对培训的质量、实际效果以及参训幼儿教师的收获没有进行科学的评估。所以,建立健全幼儿教师职后教育监督约束机制,一是要加强对培训机构的监督,重点对其资质进行审核,防止出现有些机构为了套取培训资金,采取应付上级的现象发生。二是要加强对培训师资的监督,对讲课的教师资格进行审核,建立培训人才库,进行动态管理,防止一些授课人员,一个教案几十年、一成不变讲到底的情况发生。三是要对培训的质量进行科学评估,制定具体的评估办法,对授课教师、对培训机构分别建立量化打分考核办法,对培训质量不高的人员和机构建立退出机制。四是要与学校建立密切联系,跟踪幼儿教师在培训之后教学水平的差异变化。最后,要认真听取参加培训的幼儿教师对职后教育的评价意见,了解参加培训的一线幼儿教师对于职后教育诸多方面的认识和建议,了解的过程可以采用匿名访谈法、问卷调查法、实时调查和反馈法等方式进行。

四、幼儿教师自身对幼儿教师职后教育的改进措施

（一）树立科学的在职提升学习观

对成人在职学习而言，幼儿教师职后教育属于其中重要的组成部分，是幼儿教师适应时代发展、实现自我提升的重要形式。进入信息化时代以后，人们日常生活、工作环境发生了深刻变化，教育教学领域出现了许多新动态、新情况、新趋势。在“面向实际、多元融合”的新模式下，传统的学校教育模式难以适应社会发展需求。幼儿教师更要主动顺应社会变革，适应教育改革潮流，树立终身学习理念，始终保持旺盛的学习热情。要端正学习态度，明确发展方向，既要立足提高本学科教学质量，加强专业学习，也要着眼提高综合素质，加强网络技术、信息技术、心理学、教育学等知识的学习。只有保持持续性学习的动力，才能适应教育改革发展步伐，确保在职学习确实取得成效。

（二）从自身实际需求出发制订目标明确的在职学习计划

幼儿教师设定的实际在职学习计划可以促进自我发展，并让幼儿教师合理安排自己的学习时间、明确基本学习内容，做到工作与学习两不误、两促进。要从个人的弱项和短板入手，制订切合实际的在职学习计划，合理安排工学时间，不贪大求全、不盲目盲从，对学习任务合理分解，选择不同等级职后教育培训机构和培训内容，分步骤有序设置学习梯度，确保一步一个脚印，以便达到最后的个人发展目标。

（三）充分利用多元融合模式进行有效的在职学习

我国有这样的一句名言：“活到老学到老。”对于一名幼儿教师而言，一是需要通过自学等方式进行自我提升。幼儿教师在职学习或是其他不同等级职后教育培训为基础所开展的个人自学，幼儿教师应用好在职自学的各种途径和手段。首先，要向经验丰富的幼儿教师征求意见，这是由于老幼儿教师掌握了大量专业知识、教学经验丰富，尤其是在教学技巧、人际交流、组织管理模式等方面有独到的见解和心得。其次，尽量经常与年轻幼儿教师进行深入沟通。年轻幼儿教师群体自身拥有着大量符合时代发展基本特征的因素，特别是全新的教育模式和思维等。最后，要尽可能阅读更多书籍，借鉴一系列国外成功经验，从中汲取丰

富的营养,进一步开拓思维。二是通过校本培训,形成日积月累的良好习惯,夯实教学基本功。三是积极参加各种形式培训。教育局或是各大高校开展的各种形式职后教育培训都应及时参加,抓住难得的与专家学者的交流机会,探讨教学中的新问题,做到常学常新。四是发挥线上学习优势,利用网上平台丰富的教学资源,拓宽视野,提高自己。

第六章　幼儿教师的园本培训体系研究

近年来,学前教育的发展成为国家和人民群众高度关心、关注的热点。而教师专业素养高低是影响幼儿园办园水平和质量的重要因素,园本培训是教师专业素养提升的重要途径。

第一节　幼儿教师园本培训的组织机制

一、动力机制与运行机制

幼儿教师园本培训的动力机制是指幼儿教师园本培训体系中动力的产生与运作的机理。动力机制主要由三个方面构成。第一,利益驱动。教师会在物质利益的吸引下,积极主动地采取有助于实现幼儿教师园本培训的行动,从而推动幼儿教师园本培训的运行。第二,制度推动。管理者凭借制度的权威,强制性地要求教师采取有助于幼儿教师园本培训目标实现的行动来保障幼儿教师园本培训的正常运行。第三,心理调动。幼儿教师园本培训动力机制最为关键的是创造满足幼儿教师需要的各种培训条件,激发他们的参训热情,以此通过人性化的柔性管理机制来实现培训目标。幼儿教师园本培训的组织者要采取各种管理手段或措施,鼓励关怀幼儿教师,调动幼儿教师的积极性,使幼儿教师自觉自愿地努力实现园本培训的目标。

幼儿教师园本培训的运行机制是指幼儿教师园本培训的要素通过相互联系以及相互作用,实现有序运行所产生的功能和作用。规范合理的幼儿教师园本培训运行机制能够推动教师积极地参与幼儿教师园本培训,为实现学校发展和自身专业发展而努力,即幼儿教师园本培训运行机制赋予了幼儿教师园本培训生机和活力。园本运行机制主要包括培训目标、教师管理、培训内容、培训方式、培训讲师、培训资源、评价反馈等一系列环节的运行程序、管理方式和手段、运行的规则以及相互关系。

良好的动力机制是运行机制有效发挥的基础,没有合理的动力机制必然会导致幼儿教师园本培训流于形式,成为外部权威的产物;而合理的运行机制也是动力机制发挥有效作用的必然体现。因此,幼儿教师园本培训要有正确的价值导向,在正确的培训理念下,制定合理的幼儿教师园本培训运行机制,使幼儿教师园本培训科学合理地开展和运行。

二、价值导向机制、内部管理机制、内外协作机制

幼儿教师园本培训价值导向机制,主要是指学校领导或教师在自身的多种价值取向中选择其中某些价值取向作为主导,追求幼儿教师园本培训目标实现的过程。幼儿教师园本培训的内部管理机制是高职院校围绕幼儿教师园本培训活动所建立的管理制度、组织机构以及为实现管理目标所采取的各种管理措施,如幼儿教师培训制度,幼儿教师园本培训评估标准等。

正确的价值导向是幼儿教师园本培训成功开展的根本突破口。没有正确的价值导向,就会偏离幼儿教师园本培训的正确方向,出现很多问题,导致幼儿教师园本培训事倍功半;而在正确的幼儿教师园本培训价值导向的引领下,幼儿教师园本培训才能正常开展,甚至实现事半功倍的效果。

内部管理机制是内外协作机制得以顺利运行的基础条件,如果幼儿园自身的管理还比较混乱,就很难引进外部人才进行交流与合作。而在内外协作机制之下,幼儿园需要与行业企业进行更多的联系和交流,从而达成一种协作的关系,借助外部的一些力量为幼儿教师园本培训提供更多的资源与支持。因此,幼儿教师园本培训的顺利开展和不断完善离不开正确的价值导向机制、科学合理的内部管理机制和兼容并包的内外协作机制。

三、生成机制、保障机制、评估反馈机制

幼儿教师园本培训从开始到结束，是一个逐步推进的过程，根据幼儿教师园本培训的各个环节，幼儿教师园本培训可以分为生成机制、保障机制、评估机制和反馈机制。

生成机制是指经过培训组织者和参与者双方对幼儿教师园本培训形成的正确认识和定位，进而制定合理的培训制度、培训标准、培训协议和成立相关的培训组织机构。

保障机制是指在幼儿教师园本培训的执行过程中，通过提供培训场地、培训师资和培训经费等服务，帮助幼儿教师园本培训目标得以实现。

评估反馈机制是指通过规范的评价标准，对幼儿教师园本培训进行合理的考核与评价，从而对幼儿教师园本培训的效果进行检测和评估，并对培训效果进行追踪，从而对幼儿教师园本培训提供反馈意见，以便使幼儿教师园本培训更加完善。

生成机制、保障机制和评估反馈机制在幼儿教师园本培训的各个环节中发挥各自的作用并形成合力，从而实现幼儿教师园本培训的有效运行。

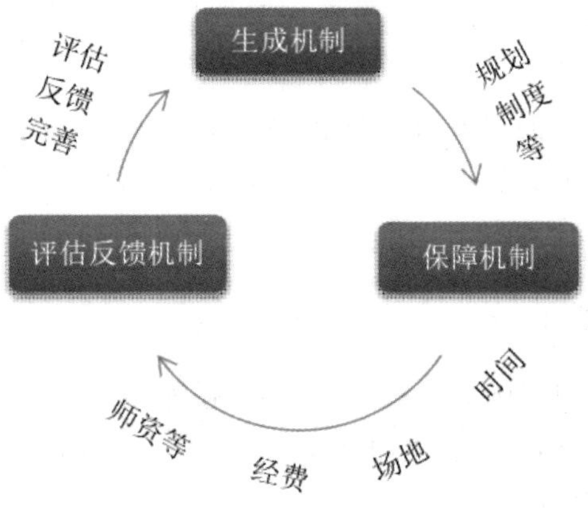

图 6-1　幼儿教师园本培训运行机制简图

第二节　幼儿教师园本培训的现状及成因

一、幼儿教师园本培训的现状

（一）园本培训保障机制有待完善

具备完整的园本培训制度、组织机构、固定的培训场所、足够的培训经费是幼儿园顺利开展园本培训的基础和保障，现有的保障机制不完善是制约园本培训高效开展的一大主因，主要体现在以下方面。

1. 园本培训制度的制定不完整

培训管理的规范性主要依靠培训制度作为保障，幼儿园的管理者虽然都表示注重园本培训制度的建设，但是园本培训制度有待完善。例如，一些幼儿园每学期都会外出培训，却没有相关的进修培训制度；利用网络云平台开展的线上学习也没有配套的管理要求，并且，有些幼儿园也缺乏激励教师主动参与园本培训活动的奖励制度、评价制度等。

2. 园本培训组织机构的设立具有局限性

作为园本培训活动开展的基层组织，培训组在园本培训开展过程中起着至关重要的地位。当前幼儿园主要以不同年龄班和幼儿教师职务划分培训组，仅仅是在纵向层面开展培训活动，缺乏横向培训组的设立，如对某一领域的教学，或者某一项技能感兴趣的幼儿教师可以形成培训组，互相研讨学习，同时，一些幼儿园也未成立专门的课题培训小组。因此，幼儿园需要进一步形成严实的纵横培训网，以促进教师的专业发展，进而更好地为幼儿的全面发展提供保障。

（二）存在“一言堂”现象

园本培训是幼儿教师专业发展的重要途径之一，在园本培训活动中，幼儿园应该努力为幼儿教师搭建互动交流的平台，使幼儿教师成为真正的主人公。当前幼儿园管理者虽然鼓励全园幼儿教师积极主动参与园本培训，然而，只有一小部分幼儿教师在活动中会主动发表自己的看法。

(三)保育教师参与园本培训的机会较少

保育工作是幼儿园的重点工作之一,为切实做到“保教结合,教养并重”,幼儿园应提高保育教师的工作质量。一些幼儿园设立了保育教师培训组,可以看出幼儿园比较重视保育工作,但是在园本培训活动的实施过程中却存在问题,如保育教师一学期参加的培训活动屈指可数,而且培训时间通常不固定。

二、幼儿教师园本培训的成因

(一)幼儿园生存压力较大,管理者工作重心有所偏移

对于幼儿园来说,自身能够生存和发展是其首要问题,并且,幼儿园的发展主要依靠市场调节作用、管理者的决策以及教师的集体努力。一些幼儿园是开园不足五年的新建园,这些幼儿园做得较多的工作,是将一日生活中的教育片段、幼儿的膳食、精彩的游戏等内容拍照留存,定期做美篇宣传自身园所,从而保证幼儿园的招生数量。而园本培训活动并没有成为幼儿园工作的重点,由于受园所事务繁忙、园长精力不足的影响,园本培训缺乏科学完善的管理,因此,这些幼儿园的园本培训便出现了诸多问题,如园本培训制度的制定不健全,忽视了园本培训的激励机制、评价机制等内容;教师参与园本培训的积极性未充分调动,以及园本培训组织机构有待完善等。

(二)培训权未完全下放,教师主体意识较淡薄

园本培训活动中“一言堂”现象的发生存在两类原因,一类是园长、培训主任或培训组长等管理者权力越位所导致的“独角戏”,另一类是由于参与培训的教师对园本培训的认同较低,自身主体意识不强,导致整个培训活动只能由培训管理者全权负责。长此以往,此类培训活动对教师专业能力的提升并无益处,因此,园本培训活动的有效开展需要依赖于培训管理者与幼儿园教师共同体意识的形成,并能在具体的园本培训实践中积极推进。

（三）管理者对园本培训的认识存在偏差

《幼儿园教育指导纲要》指出，我国的幼儿园教育应当贯彻国家的教育方针，坚持保育教育相结合的原则，这就意味着幼儿园教师不仅要担当教育者的角色，还要重视保育工作对于幼儿的重要作用。通常，园本培训活动的研究内容应该是教育教学活动以及一日生活中产生的实际问题，因此，幼儿园保育教师同样应该成为园本培训的主体。从园本培训活动开展的现状中发现，保育教师参与园本培训活动的机会是比较少的。幼儿园园长以及培训主任等管理者在谈到对园本培训的认识时，都能意识到园本培训对幼儿教师发展以及教育质量提升的重要作用，却对园本培训的认识存在偏差，他们所说的“教师”主要是指主配班幼儿教师，保育教师虽然也被列入培训组中，但是从园本培训的开展情况来看，保育教师在园本培训中并未受到高度重视。

第三节　幼儿教师园本培训的具体策略

一、实时更新园本教研体制机制

园本培训要想顺利开展，首要任务便是需要建立健全基本的体制机制。因此，为了保证幼儿园园本培训活动的高效运行，应在以下方面做出改变。

（一）更新园本培训常规的管理制度

幼儿园园本培训制度的建设需要加强其规范性，这么做不是单纯地约束教师在园本培训活动中的行为，主要目的是规范园本培训工作，激励教师自觉主动参与园本培训。幼儿园只制定了园本培训工作中的个别制度，并且，已有的制度更多地体现了传统的“由上至下”的制定方式，所以，还需幼儿园“由下至上”地完善常规培训管理制度。可以由园所领导和教师共同商讨制定，还应该力求采纳高校教师、培训员、其他优秀幼儿园工作者的意见，最后将制度演化为教师自觉的教学工作，逐步改变园本培训中教师的被动状态。除此之外，园本培训制度的制定还可以根据园所的实际情况不断更新和创新，如为了提高教师的培训能力，可以制定网络培训制度，让专家、优秀骨干教师或者培训员参与到培训现场，只要有了专家的正确引领，园本培训的效果就能逐步提升。

(二)制定多元化评价机制，提升园本培训实效性

评价和激励机制的相互配合能够辅助园本培训得以顺利进行，是园本培训制度建设中一个极其重要的部分。面对多元化的园本培训，评价机制也需体现其多元性，只有这样，才能保证评价的公平公正。在评价体系中，幼儿园应该为幼儿教师建立发展档案，通过档案能够准确反映每一位教师参与培训后的发展变化，这样评价便有了依据。具体落实到评价过程中，评价主体应该是多样性的，并且不能单单以发表的论文或得到的荣誉评定优秀教师，还需要看实际教学的效果。

首先，幼儿教师要开展自我评价，除了常见的教学反思、教学日记、阶段性的工作总结等方式，幼儿园还可以从幼儿教师全面发展的角度出发，设计制作评价表格，让幼儿教师根据自身情况进行自我评价，同时指导幼儿教师以正确端正的态度面对自我评价，不可以因为评价结果的好坏而影响教学工作。其次，幼儿教师之间相互评价。每一位幼儿教师的工作内容以及培训学习情况总是相似的，幼儿教师能够从同事的评价中获取更实用的建议。因此，幼儿园可以以幼儿教师评价为专题召开会议，以座谈会的形式鼓励幼儿教师积极交流，从而得到评价结果；还可以以匿名的形式填写评价表，此项评价表不应该和幼儿教师利益直接挂钩，要提前表明主要以促进幼儿教师专业发展为主，保证结果的公正合理。最后，就是幼儿园管理者和培训组长秉着客观公正、定性定量相结合的原则对幼儿教师进行评价。

待所有评价完成后，管理者应当对不同主体的评价所占比值进行合理划分，保证评价的合理与科学性。评价工作完成后应予以公示，做到结果公开透明，幼儿教师之间相互监督。多元化的评价机制能够使幼儿教师对自己有清楚的认知，不断促进幼儿教师的专业化发展，继而提升教育教学水平。

(三)从物质和精神方面建立园本培训激励机制

园本培训活动对幼儿教师提出了很高的要求，需要幼儿教师关注一日生活活动和教学中的真实问题，具备批判性思维和解决问题的能力。

而这一切不是一蹴而就的，需要幼儿教师投入自身的精力和时间。如果幼儿园没有建立一定的激励机制，幼儿教师会缺乏动力，慢慢地对培训产生懈怠情绪。因此，幼儿园管理者应当从园所实际情况出发，基于物质和精神两方面建立起园本培训的激励机制。

首先，是物质方面，幼儿园需根据园所实际情况提供足够的培训专项资金。一是需要购买相关的教育类书籍和期刊等，为幼儿教师的继续学习提供条件。二是要划定专项奖励资金，对园本培训活动中成绩优秀的幼儿教师提供资金奖励，同时，对于优秀的培训组也应给予物质奖励。

其次，是精神方面，管理者可以对取得优秀成绩的幼儿教师或培训组公开提出表扬，还可将园本培训中的成果以一定的时间为节点，装订成册作为幼儿园园本培训的成果之一。同时，将培训成果融入幼儿教师的个人风采介绍专区，或做成美篇利用网络进行推广宣传。优秀幼儿教师可以享受在个人评先、外出学习等方面的倾斜等。只有将物质与精神奖励相结合，才能不断地激发幼儿教师参与园本培训活动的主体意识，督促幼儿教师养成爱观察和爱思考的能力，园本培训才能取得成效。

（四）优化园本培训组织结构

根据韦伯社会学理论对组织的定义，园本培训机构主要是指由幼儿园主导的科层制组织，即大培训组、年级培训组和根据教师职务所划分的常规培训组。韦伯所提出的“科层制组织”在规章制度的约束下，权力和职位有着很强大的关联之处，组织的结构较单一，存在培训问题容易脱离实际教学、教师自发性不足等问题。想要变革传统的园本培训，就必须优化培训组织机构。

除了传统的纵向培训组，幼儿园还可以根据实际的培训需求，在一定阶段内设立不同的主题式园本培训组织机构，培训组的设立可以考虑到教师的兴趣、问题需求等因素。同时，还可以成立能够促进教师科研能力发展的项目化园本培训组织，以主题式和项目式形成的园本培训与幼儿园的日常教育教学深度融合，以此确保幼儿园工作的协同性，进而真正达到培训的效果。

二、赋权增能，实现培训组长轮流牵头

园本培训担负着提升教师专业能力、提高教育教学质量的重任，而

“一言堂”现象是园本培训活动中的禁忌。因此，为了实现真实有效的“活力”培训，引发幼儿教师在园本培训活动中的思维共鸣，幼儿园管理者以及培训组长应该淡化自身权力，认识到自身除了拥有领导者、协调者、组织者的角色，更是园本培训活动的参与者，主要任务是对研讨的观点给予欣赏、总结和提升。主持者与一线幼儿教师的地位平等，要学会聆听一线幼儿教师的观点，激励教师互动互享，相互启发，将园本培训权真正下放至一线幼儿教师的手中。

为了激发幼儿教师参与园本培训活动的主动性，防止权力越位，幼儿园可以实施培训组长轮流制度。在每个培训小组中，可以根据具体的条件，如有三年教学经验、有一定的组织能力、创新意识等，适才适用，选取合适的培训组长人选，每周轮流担任培训组长，打破“一言堂”的局面，充分调动幼儿教师参与园本培训的积极性。对于全园大培训活动，可以由小班、中班、大班三个年级组轮流主持，由于是年级组共同协商，从培训背景、培训目标、培训内容、培训活动安排与组织等一系列的准备，都是集体智慧的结晶，幼儿教师也会变得更加有底气和信心，在园本培训活动中敢于表达，不断体验合作交流的快乐。

此时，幼儿教师必须转换自己的角色，从传统的教书育人者转变为教学研究者，在园本培训活动中，以主体参与者的角色投入园本培训中，要对自己充满自信，积极主动地分享自己的疑惑和见解，将日常教育教学中的问题总结提炼为培训专题，在与其他教师的交流探讨中实现教学研究和日常实践融为一体，进而不断提升自己的专业能力。

三、重视园本培训的全员式参与

在实际的教育教学中，“重教轻保”现象是普遍存在的，由此也会顺延至园本培训中。为了彻底改变这一现状，幼儿园需要重视园本培训的全员式参与，目前最为关键的是将保育教师的专业发展提上议程。保育培训组在园本培训组织机构中是必然存在的，这是保育教师学习与研究探讨的平台，同时还需要充分保证保育教师开展园本培训活动的频率与实效。

保育培训组教师应该改变观念，充分认识到“教育”与“保育”的紧密关系，增强自身的归属感、自信心与专业意识。刚开始的培训活动可以先淡化“研究”，鼓励保育教师寻找并反思工作中的问题，要敢于表述自己的想法。如若培训过程中存在困难，可以发挥培训组长以及幼儿园管理者的引领作用，在日常的巡视指导过程中共同帮助保育教师，有意识地发现问题，进而在培训活动中进行总结和提升，逐步培养保育教师的问题意识。培训时间和频率并不是一成不变的，管理者还可以鼓励教师以所在班级为单位，主管教学的两位幼儿教师可以协助保育教师，形成培训共同体，这样培训活动便可以随时开展，保育教师可以在空闲时间进行记录反思，真正实现“保教结合”。保育培训组的培训形式也能够多元化，如观摩、竞赛、网络理论学习等，凡是能够促进保育教师专业发展的学习方式都可以尝试，最终目的便是促进保育教师的专业发展，实现“保中有教，保教合一”，以教育合力促进幼儿的健康发展。

四、加强园本教研，打造学习与研究型教师

教与研是教学的双翼，二者相互促进，互为依托，有教学就会产生问题，就需要开展研究。《幼儿园教师专业标准（试行）》倡导“让教师成为自身实践的研究者”，园本培训中的“研”便是要求教师研究教育教学实践。但是，目前幼儿园师资队伍专业水平较低，园本教研活动存在重“教”轻“研”的状况，幼儿教师对问题缺乏深入的研究探讨。因此，为达到园本教研活动的实质，当务之急要增强幼儿教师的知识储备，不断强化幼儿教师的反思意识，打造学习与研究型幼儿教师。园本教研的有效开展需要依赖相关专业知识，幼儿教师如若要投身于教学研究，就必须增加自身的知识储备。同时，针对处于不同发展阶段的幼儿教师，如新手型幼儿教师、发展期以及成熟期的幼儿教师等，需要加强梯队层级培养，主要可以从以下方式入手。一是自学，幼儿园应为不同发展阶段的幼儿教师提供丰富适宜的学习资源，如书籍、期刊、讲座以及网络平台，这些都能成为幼儿教师学习的途径，园所领导要时刻引领幼儿教师开展学习，不同发展阶段间幼儿教师的学习内容既要有所联系，又要有所区别，同一发展阶段幼儿教师之间加强监督评价，使学习成为幼儿教师生活中必不可少的乐趣。二是加强培训，除了专业知识与能力的培训，还要增加适用于不同发展阶段幼儿教师的教研理论知识，如实践教学问题的寻找、教育科研方法的运用、幼教改革解读等内容，同时还可变更传统的培训方式，将理论学习、实践问题探究与专题课例研讨三者相融合，实现三位一体的培训模式，在这一过程中，充分发挥好“导师”

的引领作用，提升不同发展阶段教师的专业能力。三是要增加幼儿教师的培训频率及时间，充分保证幼儿教师的学习实效。学会发现问题是开展园本教研活动的起点，对于幼儿教师而言，还要在教学实践过程中加强幼儿教师反思意识。因此，幼儿园可以鼓励幼儿教师定期记录教学反思，根据教育教学的实况进行利弊反思与总结，也可以记录下理论知识学习中存在的不足。园本教研活动可根据幼儿教师们的集体反思确定研讨主题，基于相关专业理论开展教育教学研究，讨论教学对策以防后续问题再次出现。

五、努力组建办学联合体，强化专业引领

园本培训并不是完全依赖幼儿园人力、物力等开展的一项活动，如若没有专业人员的引导，很容易导致活动形式化，而且幼儿教师自身专业知识与能力不足，更需要专业人员在园本培训活动中对其进行持续引领。因此，为了引导幼儿园的持续健康发展，有必要在理念先进、质量一流的大学引领下，组建办学联合体，实行结对提升，实现优质资源的共享。在幼儿园园本培训活动中，高校专家、公办园骨干教师、培训员等人员的参与较少，为了加强培训队伍的多元化建设，在办学联合体的支持下，专家人员、骨干教师与本园内的幼儿教师所形成的发展共同体可以共同推动幼儿园的高质量发展。幼儿园可利用已有的资源，与本地区高校紧密联系，该地区教育局也可以为高校与幼儿园的合作给予一定的政策支持，组建办学联合体，以保证此类合作关系健康长久发展。除了定期邀请高校教师走进幼儿园开展专题理论讲座、专业问题咨询等活动，园所内的幼儿教师还可以与高校专业教师、公办园资深教师、优质幼儿教师合作，针对教学中共性的、具有研究价值的问题开展课题研究，在合作中主要以幼儿教师为主，高校专家为辅，发挥各自优势，深化园本培训活动。另外，幼儿园还可以与一些社会培训机构建立合作关系。邀请培训员进入教学现场与培训现场，以研究者、合作者的角色深入一线，充实培训队伍，指导幼儿园的园本培训工作，引导幼儿教师更深入地研究幼儿，理解幼儿的行为与意义。

第七章　幼儿教师专业技能培养研究

幼儿园教育质量的高低影响着幼儿的长远发展，是家长选择幼儿园的重要指标之一。幼儿教师作为幼儿园发展的主力军，其专业水平的高低在很大程度上决定了幼儿园教育质量的高低。这就要求幼儿教师应该不断培养自身的专业技能，具体包括教学实践技能与信息应用技能。

第一节　幼儿教师的教学实践技能培养

一、专业实践能力是幼儿教师的核心能力

《幼儿教师专业标准（试行）》明确要求幼儿教师必须具备七种专业能力，强调运用教育学和教育心理学等专业知识在实际幼儿园教学中保证儿童的生命安全和身心健康成长。而我国幼儿教师培养的现状仍然侧重理论学习，大多数应届本科毕业学生尚不具备毕业入职幼儿园后短时间内将所学专业知识通过教学实践转化为幼儿园专任教师应当具备的专业能力。

2016 年《关于加强师范生教育实践的意见》指出，幼儿教育专业毕业生教育教学能力尚不能完全适应幼儿园需求，从九个方面明确要求高校加强师范生教学实践的能力。

幼儿教育是培养幼儿的社会实践活动，具有极强的专业性和实践性特点。新手幼儿教师与资深幼儿教师一样，需具备专业知识、技能并承担相应的岗位责任，不言而喻，幼儿教师进行幼儿教育工作对其专业实践能力有着很高的要求。因此，针对幼儿教师专业实践能力培养问题的研究具有重要的现实和理论意义。

二、关于幼儿教师专业实践能力培养的研究

（一）关于“幼儿教师专业实践能力”的研究

专业实践能力的研究比较广泛，涉及各行各业。笔者着重以“幼儿教师专业实践能力”为主题，在中国知网进行文献搜索。目前国内对于幼儿教师专业实践能力的研究比较零散，完全贴合主题的文献数量不多。此小节对有关专业实践能力内涵的研究进行简单梳理，以供参考。

刘三朵等认为大学生实践能力不能简单认为就是动手操作能力，而是个体在各类实践活动中需要的能力，如观察、表达、动手、交往、搜集信息和实验等。他们从人类生存和发展的角度，将实践能力分为动手操作能力、日常生活实践能力、职业活动实践能力和人际交往能力。①

个体的实践能力体现出内部多元和错综复杂的特点，不同实践能力之间并非割裂孤立，而是联系紧密、相互影响的。多种实践活动可以培养一种实践能力，一种实践活动也可以促进多种实践能力的形成和发展。

赵建华将大学生实践能力构成要素分为：实践兴趣、理解力、策划力、执行力和表达力。② 与刘三朵等观点类似，他认为这些内部要素之间也是相互促进、相互制约的，彼此联系紧密。他还指出，动机与态度、广义知识和实践经验是影响实践能力的个体因素，此外，学校的培养过程和社会环境因素都直接影响着幼儿教师实践能力的形成。

师远贤则提出幼儿教师专业实践能力是指把理论知识转化为个体实践行为的实际应用能力，强调了基本教育技能和专门教育技能。他认为，基本教育技能包括技法能力（如声乐、美术、舞蹈、表达、交流等），专业教育技能则包括观察、评价幼儿；设计、组织教学活动；制订教学计划；创设幼儿园环境；沟通与协调；反思与发展等。③

整体上，与《幼儿教师专业标准》的专业能力部分相对应。此观点与王练、马丽的看法相互呼应。类似地，王练强调专业实践能力是指运

① 刘三朵，张冬胜．论实践能力的内涵与结构［J］．当代教育论坛，2004（9）．
② 赵建华．大学生实践能力的概念、结构与影响因素分析［J］．中国大学教学，2009（7）．
③ 师远贤．本科院校学前教育专业学生实践能力培养试析［J］．教育导刊（幼儿教育），2009（12）．

用专业知识解决专业领域中实际问题的能力，属于从事某项专业工作所需的专门能力。王练还从职业范畴的角度认为幼儿教师实践能力包含一般实践能力和专业实践能力，并且实践能力形成核心要素是知识和实践。其中，一般实践能力是指交流、沟通、表达、合作、协商等；专业实践能力则包括：对幼儿的观察评价，教学活动的设计、组织和实施，环境创设，教学资源开发与利用，家园合作，教学反思与个人专业发展等。①

马丽结合刘磊、傅维利关于“实践能力”的研究，提出“幼儿教师专业实践能力是指在幼儿教育过程中运用专业的知识，以符合幼儿身心发展的方式组织一日生活，引导游戏活动，设计和实施教育活动，进行环境创设，观察和评价幼儿发展水平等”。②

丁敏则认为幼儿教师专业实践能力包括：掌握幼儿教育专业知识与技能；完成幼儿保教工作的教学能力；具备一定的艺术修养和审美意识，具备弹、唱、跳、画、演等技法能力；具备教学探索、研究和反思能力等。③并认为专业实践能力需要扎实的教师教育专业理论基础，能够专业理性地审视幼儿教育工作实践活动，并在不断的实际情境中应用、体验、反思和改进。学校在培养时，应该重视和抓住过程中的每一个教育机会，将学生专业实践能力贯穿于整个人才培养过程。这样幼儿教师的专业实践能力才能循环往复，逐渐强化，实现螺旋上升。

幼儿教育工作具有很强的实践性和操作性，学生专业实践能力来源于实践，也发展于实践。学生的专业实践能力是一种动态的、发展的、长期的能力。

(二)关于“幼儿教育专业实践课程”的研究

专业实践课程是幼儿教师专业实践能力形成和发展的主要途径。近年来，教育研究领域对于幼儿教师专业实践课程的研究日益重视。相关主题的文献主要集中在2015年至2020年。研究人员立足幼儿教育领域的专业特点和社会对幼儿教育专业毕业生的实际需求，对高校幼儿教育专业实践课程的建设和改革进行了广泛研究。部分研究人员对于

① 王练.应用型学前教育专业本科生实践能力培养探讨[J].幼儿教育，2011(33).

② 马丽.学前教育本科生专业实践能力提升策略探讨[J].巢湖学院学报，2018(2).

③ 丁敏.高校学前教育本科生专业实践能力的培养[J].苏州科技学院学报(社会科学版)，2016(6).

幼儿教育专业实践教学体系方面的研究表现出浓厚的兴趣。

陆雨涵对于实践教学体系从目标体系、课程体系、管理体系和评价体系四个方面进行了研究。研究认为，学生对实践教学目标认识模糊、课程设置实践性不足、管理薄弱都会是幼儿教育专业实践教学目前存在的问题，并需要进一步的改进。①

饶淑园从专业认证视域提出“四层次、五模块、全学程、三保障”的实践教学模式。四层次分别是：感知实践、基础实践、专业实践和综合实践；五模块分别是：师范生技能训练、幼儿教育技能实训、专业课内实践教学和专业课外综合实践；三保障是指组织制度保障、“双师”队伍保障和实践教学平台保障。②

刘妍等人从专业认证的视角对幼儿教育专业实践教学进行了分析研究，指出当前国内许多高校资源配置并未达到实践教学的要求，无论是师资力量配比还是实践教学硬件资源都存在诸多不足。同时，校外实习部分流于形式，以完成教学任务为主，并没有注重学生专业实践能力的养成。她认为加强幼儿教育资源配置、构建标准化实践教学体系，强化学生专业认知与职业认同迫切重要。③

“全实践”教学体系是目前众多高校培养幼儿教师采取的方式，主要是指实践教学贯穿学生本科四年学习中，以培养学生的幼儿教师专业性、提高学生在幼儿教育工作中的反思总结能力的实践教学体系。

结合我国幼儿教育事业的发展实际，当前社会幼儿园整体实力水平相对薄弱，不能满足“全实践”教学体系对实践幼儿园的理想要求，导致学生实践效果大打折扣。此外，虽然一直强调高校与幼儿园之间的合作，但是缺乏制度保障。

---

① 陆雨涵.A学院学前教育专业实践教学体系个案研究[D].昆明：云南师范大学，2019.

② 饶淑园.专业认证视域下应用型本科学前教育专业实践教学模式构建——以惠州学院为例[J].陕西学前师范学院学报，2020（6）.

③ 刘妍，田秋梅，任萍等.专业认证背景下学前教育专业实践教学现状及优化探索[J].辽宁科技学院学报，2020（6）.

三、幼儿教师专业实践能力培养的理论基础

（一）社会学习理论

班杜拉（Albert Bandura）于1977年提出了一种学习理论——社会学习理论（Social Learning Theory）。它着眼于学习过程与社会行为之间的关系，认为在观察和模仿他人的过程中能够习得新的个人行为。班杜拉理论的核心观点是：学习是通过观察在社会环境中发生的。此外，环境、思想、个性和行为等因素相互作用，以自我导向的目标为导向的方式影响学习。因此，一个人预期的结果也会以一种循环响应的方式影响未来的行动、动机和行为。班杜拉认为，人类是受社会和学习环境影响的主动行为者。一个人的学习成就是个体认知、社会环境和个体行为相互影响的结果，如图7-1所示。这一理论已经成为最具影响力的学习理论之一，经常被称为行为主义学习理论和认知学习理论之间的桥梁。[①]

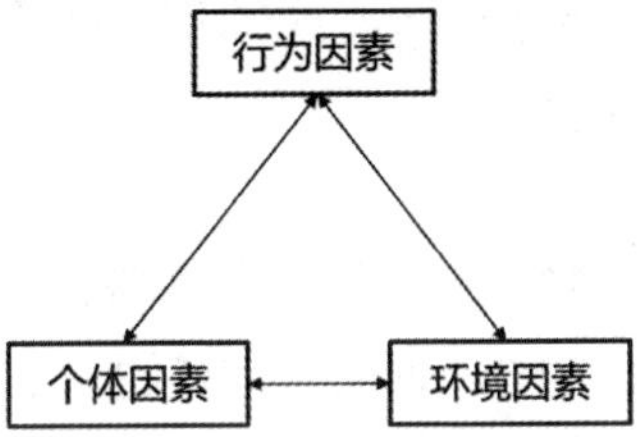

图7-1　交互决定论示意图

1. 有效学习条件

根据班杜拉观点，有效学习需要四个必要条件，即注意力、记忆力、复制和动机。

（1）注意力

观察学习首先要求学习者在观察示范行为时必须集中注意力，注意力受到观察者的特征（如感知能力、认知能力、觉醒、过去的表现）和行为或事件的特征（如相关性、新颖性、情感效价和功能价值）的影响。任何分散个体注意力的东西都会对观察性学习产生负面影响。如果被复制的行为是有趣的或具有新意的，学习者更有可能将全部注意力投入学

① 蒋晓．试论班杜拉社会学习理论及其教育意义[J]．华东师范大学学报（教育科学版），1987（1）．

习中。

（2）记忆力

为了重现观察到的行为，观察者必须能够记住行为的特征。同样，这一过程受到观察者特征（认知能力、认知排练）和事件特征（复杂性）的影响。记忆是指对学习者所注意的内容进行回忆的过程，包括符号编码、心理意象、认知组织、符号和动作演练。观察得来的信息会以图像和语言结构的形式被编码并存储在学习者的大脑中。那些能够将观察到的活动转换成语言代码或图像的人比那些仅仅观察的人更能学习或记住信息。

（3）复制

需要一定程度的认知技能，在某些情况下可能需要感觉运动能力。复制相对来说是困难的，因为在通过自我观察而强化的行为中，很难判断是不是合适行为，这可能需要他人为学习者提供自我纠正的反馈。复制过程涉及复制观察到的行为的生理和心理能力，个人能够在需要时复制以前学习过的信息（如行为、技能或知识），研究表明，可以通过心理和身体的练习来改善个人的反应。

（4）动机

对于是否复制观察到的行为取决于观察者的动机和期望，包括预期的结果和内部标准。班杜拉对动机的描述也从根本上基于环境因素，进而基于社会因素，因为动机因素是由给定环境中不同行为的功能价值驱动的。动机也被称为有效学习过程的重要条件，强化和惩罚在激励中起着重要的作用。动机可以是内在的，也可以是从学习者内部（如兴趣、享受）和外在（如奖励）驱动的。

如果个人从特定类型的行为中看到积极的后果，他们更有可能重复该行为本身，相反，如果是消极的后果，便不会执行这种行为。动机关系到我们观察到其他人因他们所做或说的事情而受到奖励或惩罚。这种情况通常会激励人们去做或不做同样的事情，学习者只有有动力才会去学习。

2. 能动性与自我效能感

班杜拉还提出两个重要概念——能动性和自我效能。“能动性”概念解释了个人的适应性、自反性和有意行动的能力，而“自我效能”概念解释了一个人的动机。动机强弱与成就高低相关，所以，关于能力的信念看起来是整体相关的。

能动性更加强调的是人类一种主动调节行为，即面对社会环境中特定的困难和挑战而有意做出的行为。影响行为选择的因素有四个：意向性、前瞻性、自我反应和自我反省。班杜拉指出，人们对自己能力的感知——自我效能感，决定了他们未来目标的设定，参与活动的选择，付出努力的多少，面对困境的耐力。一个人如果相信自己能够克服困难或完成任务，则可能会取得积极的结果。反之，如果怀疑自己是否能够完成一项任务，那么这种自我怀疑就会影响他们的行为。自我效能感起到激励和引导个体行为的作用。例如，自我效能感低的人会回避困难的任务，而自我效能感高的人会将困难的任务视为挑战和机遇。班杜拉理论认为，自我效能感具有可塑性，可以通过创造一个促进成功的环境来得到加强。例如，创造一个开放活跃的课堂环境，允许幼儿教育专业学生积极参与讨论，发表看法和意见。这样可以影响学生的自我效能感，从而促进学生在幼儿教育工作中的信心。

根据班杜拉的研究，影响自我效能感有四个主要来源：成败经验、替代经验、言语劝说和情绪状态。（1）成败经验是对自我效能感影响力最深的来源，因为人们将他们的实际经验与未来可能获得的结果联系起来。一个人成功完成一项任务，自我效能感随之增强，有信心完成以后类似的任务。反之，如果一个人没有成功完成某项任务，自我效能感就会降低，缺乏以后成功处理类似任务的信心。（2）替代经验是指观察他人如何完成实际或模拟任务，特别是观察者认为相对困难的任务。通过观察他人行为经验或示范，获得实际体验，在通过观察别人的成功经验后，能够自我暗示自己也能够完成任务。（3）言语劝说是指说服和鼓励人们相信他们有能力完成某项任务，有助于他们在发生问题或遇到困难时会投入更多努力并坚持下去。来自言语劝说的自我效能感往往比来自成败经验或替代性经验的自我效能感弱，因为它们不能提供真实的体验。（4）情绪状态。情绪状态影响自我效能感。根据不同的情况，压力环境通常会引发情绪，可能会导致人们对自我能力产生怀疑。当个体不紧张或没有压力时，他们更有可能成功地完成一项活动或任务。

（二）情境学习理论

情境学习理论是 20 世纪 90 年代由莱夫和温格提出的学习理论，是一种解释个人专业技能获取的理论，包括对学徒制的研究，以及学习者如何通过参与成为实践共同体的一员。该理论有别于认知学习观点，不涉及具体的认知过程和概念结构，而是专注于提供学习的适当特定环境和强调学习者在其中的实践参与。知识存在于具体的情境之中，会随着情境的变化而变化，即在不同的情境之中，知识也是有所不同的。它认为，学习是一个非常复杂的概念，既涉及个体的生理、心理及认知因素，又与社会、环境因素有关，是一个社会性、实践性的参与过程，可以将个体、社会和环境视为一个整体来考虑。

具体来讲，学习的实质是个体参与真实实践，与他人、环境等相互作用的过程，从而形成参与（专业）实践活动的能力，满足社会环境对个体的专业需求。

首先，学习是发生在社会环境中，学习者在具体环境中的行为并非直接是由个体内在的符号表征知识支配调节，而是通过与具体情境接触、互动来决定采取什么行为。学习只有处于具体情境之中，个体的学习结果才能在未来相似情境中作出适宜行为。

其次，实践共同体。所谓的实践共同体，具体来讲就是由每位参与者组成的工作集体。比如，一所幼儿园之中的园长、专任幼儿教师、保育人员及其他管理者就属于一个实践共同体。他们具有一致的工作目标和愿景，携手创造相同的幼儿教育事业，可以分享经验、共享知识，通过沟通、互动和相互支持促进实践共同体成员的个人专业发展。在此过程中，学习者可以充分利用实践共同体所积累的相关资源，而资源的利用率和学习者的实践能力，就取决于学习者与所处环境及其他个体有效互动水平，学习者应该具有很强的主动参与意识。例如，幼儿教育专业的实习学生在最初进入实习幼儿园时，要融入实习幼儿园的环境中，一方面需要实习学生积极主动地参与幼儿园的日常教学活动，另一方面需要幼儿园管理者与专任幼儿教师具有更好的包容性，应该将实习学生看作内部集体的一员，乐于分享经验、帮助学生解决实习困境，愿意和实习学生进行互动沟通。

另外，情境学习理论强调互动。互动是指学习者与学习者、学习者与社会环境之间的互动。学习者通过不断的互动来理解和体验真实世界，在互动中构建自己所处环境新的专业身份，新成员可以通过与实践共同体环境以及其中实践经验丰富的幼儿教师进行互动，来规范自己的行为举止、价值观、信念等。

1. 情境学习与传统认知综合观

情境学习理论试图解释社会学习的作用,而传统认知理论则旨在描述知识本身和知识发展的特征。多年来,不少研究人员对情境学习理论和传统认知理论如何结合做了深入研究。

Korthagen 结合前人研究提出解释理论和实践之间的情境——认知三级模型,分别是:格式塔级别、图式级别和理论级别,如图所示。①

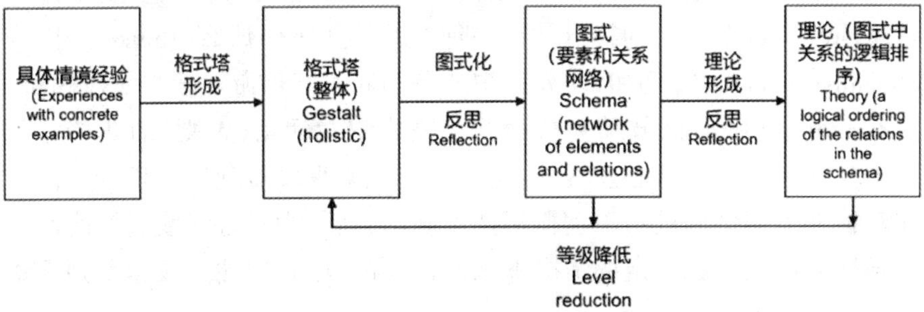

图 7-2 三级模型和伴随的学习过程

首先, Korthagen 认同莱夫和温格关于情境学习的看法:所有知识都建立在个体与具体情境的接触基础上,并受到社会价值观、他人行为和实践中隐含观点的影响。学习者在具体情境中学习之后,会首先达到格式塔级别(Gestalt level),所谓格式塔等级是指个体对于具体情境作出的无意识行为。由于人类行为是由于个体的认知、情感、动机和行为等因素交织组合触发的,因此,大部分情况下个体做出的行为都是未经过深思熟虑、认真思考和过多反思,是一种无意识的即时行为。例如,幼儿教师在即时情境下表现出来的整体感知包括对环境的感官感知以及由情境引起的图像、意识、感觉、需求、价值观和行为倾向。可以说,幼儿教师行为来源非常复杂,涉及认知、情感和动机,这些与幼儿教师的决策过程密切相关。

图式级别是指在如果个体在格式塔的基础上,对类似特定情境和即时行为进行反思,行为个体可能就会形成一种有意识的概念、特征、规则相互联系的心理网络,以有助于将来其他类似情境的实践。这种心理网络称为“图式(schema)”,它的形成发展就是学习过程的另一个等级,

① Korthagen F. A. J. A foundation for effective teacher education: Teacher education pedagogy based on theories of situated learning[J]. *The SAGE handbook of research on teacher education*, 2017 (1) .

图式级别。从格式塔层次到图式层次的转变是依靠理性系统实现，即通过个体的反思实现行为由无意识到有意识的转变，这一层次关注的是如何做（how）。例如，教师在图式层次就是迫切渴望知道在特定情境下应该采取怎样的合适行为，而不是对这些情境有一个抽象理解。

Van Hiele 理论指出，图式层次中的关系成为个体反思的对象，对这些关系中的逻辑分析会形成一个理论框架，这就是理论层次。理论层次可以逻辑地分析理解某一类情境，可以回答出为什么会发生这些情境问题。这个层次的特点就是一种"如果（if）—那么（then）—因为（because）"的关系。例如，幼儿园中如果幼儿对某项游戏参与比较困难，那么，幼儿教师应该鼓励和帮助幼儿完成游戏活动，否则，幼儿信心就会因受挫而影响其身心发展，这是基于幼儿心理发展理论。理论层次旨在对各种类似情境进行深度概括抽象理解，而作为具有实践属性的幼儿教师往往更关注在特定的情况下采取行动的方向，因此一般达不到理论层面。

2. 实践共同体与集体反思

布朗芬布伦纳生态系统理论鼓励研究情境因素是如何相互关联的，以及这些因素是如何塑造个体发展的。其中微观系统是指学生学习生活的直接环境，并且环境是动态变化和发展的。显而易见，针对专业实践学生，其学习效果与其所在微观环境有直接影响关系，实习学生与同学、实习学生与校内导师和校外导师之间的互动效果对专业实践能力形成有不可替代的作用，彼此之间需要积极有效的合作支持、沟通互动和评价监督。

首先，在幼儿教育专业人才培养中，高校应该提供实习学生间互动学习的机会，即同伴学习。Korthagen 认为，这样可以促进图式层次的经验共享、讨论和联合反思的过程，这与上述的集体反思概念相对应。Nancy A. Anderson 等人认为，在专业实践课程中，同伴观察辅导可以加强观察学习效果，实习学生可以在相同水平的视角下相互观察同伴，结合自身情况进行反思，并且为同伴提出即时有效的课堂教学反馈意见。[①] 同伴之间的相互观察学习可以使学生学习心态放松，可以有效减

① Anderson N. A., Barksdale M. A., Hite C. E. Pre-service teachers' observations of cooperating teachers and peers while participating in an early field experience[J]. *Teacher Education Quarterly*, 2005 (4).

少因为校内校外导师的频繁伴随观察带来的紧张的不安情绪，从而提高专业实践课程的实际效果。与导师支持监督相比，同伴学习不仅可以为实习学生提供相互评价的机会，还能在持续的合作学习中形成相互支持、彼此促进的纽带。研究表明，在为学生提供教授和观察同伴教学的情况下，同伴学习可能会增加反思，并提供更多的反馈来改善学生的专业实践经验。

其次，如我们所知，学生的专业实践能力主要是通过专业实践课程实现的。众多研究表明，专业实践课程中的校内导师和校外导师质量对学生的实际学习效果具有正相关关系。Korthagen 指出，高质量导师可以帮助学生在专业实践过程中促进其理论知识和个人经验的结合。专业实践目的是使学生体验具体教学情境，了解教师的角色，以及如何帮助孩子学习成长。在专业实践课程准备和实施过程中，校内导师占据着举足轻重的作用。校内导师应该具有丰富的相关专业理论知识和广阔的视角以及责任心。学生在初步进入实习单位进行学习时，可能情绪是紧张不安、不舒适的。校内导师在学生与校外实习单位（包括校外导师）之间起到桥梁作用，可以将学生的实际需求和关注问题反馈给实习单位，并得到重视和改进。例如，学生在陌生实习环境中所经历的不适感会影响他们的思维，校内导师可以通过和校外导师合作消除这种不适并帮助学生强化自己的信念。研究人员鼓励校内导师走出舒适区，积极帮助学生解决在实习过程中遇到的各种问题，并将学术理论应用于现实实践中。校外导师是支持学生专业实践过程中提高实习效果的关键因素，其角色是针对学生的教学指导、情感支持、榜样和移情。校外导师需要通过考虑被指导学生的关切及其现有的专业发展水平来了解针对如何支持帮助学生提升专业实践能力的策略。校外导师可以在实习单位随时随地地对学生实际教学进行观察、反馈和指导，分享讨论他们对学生教学技能、教学策略和即时处理问题能力的想法。

从 Korthagen 三层模型可以看到，从格式塔层次到图式层次再到理论层次都需要个体的主动反思来实现。反思实践是全球教师教育的重点内容，通过专业实践中的反思过程可以促进学生专业发展，弥合理论与实践之间的差距。国内外都在倡导在教师教育项目中培养反思实践者。例如，在美国，项目认证要求整合反思环节的证明材料，要求反思贯穿于整个培养过程之中，包括理论课程和专业实践。教师教育反思是教学中知识与行动相结合的尝试，是一种思考过程，是一种自我评估的思维方式。反思性思考侧重于过去的事件、经验和挑战，并根据现在的理解重新审视它们。反思让教师认识到自己的想法和教学概念，然后将它们与科学理论联系起来。当幼儿教育专业学生去幼儿园实习 / 见习时，他们需要通过反思来获得实践性知识。导师可以通过互动交流帮助学生实现专业实践能力提升的目标。为实现有效的反思过程，学生实习期间需要详细、准确地记录自己幼儿园的工作经历，作为进一步反思的材料。

Korthagen 提出了一个 ALACT 反思模型，如图 7-3 所示。其中第三步是最为关键的一步，它涉及课堂情境中发生的问题本质，有助于学生图式层次形成。在教师教育领域，早从杜威开始，反思被视为学生专业成长的引擎，众多研究人员的共同认识是教师应该成长为一名反思实践者。目前正在从个体反思向集体反思的转变，在专业实践课程中，集体反思可以提供一个解决问题的共享平台，强调社会建构主义，促进理论与实践的联系。每个独立的个体所遇到的情境实践问题都是不同的，考虑分析问题的视角也是多样的，通过集体反思的反馈与分享，可以使学生对专业实践课程有更深的理解。[①]

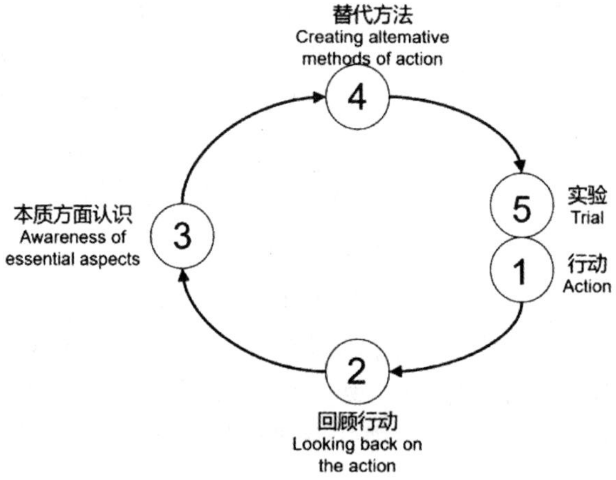

图 7-3 ALACT 模型

① Foong L., Binti M., Nolan A. Individual and collective reflection: Deepening early childhood pre-service teachers' reflective thinking during practicum[J]. *Australasian Journal of Early Childhood*, 2018 (1).

四、幼儿教师专业实践能力培养中存在的问题

（一）环境创设方面灵活性、创造性缺乏

幼儿园环境对于幼儿的身心发展举足轻重，可以长期并潜移默化地影响幼儿成长，是一种重要的教育资源，是幼儿教师实现教育目标的直接媒介，资深的幼儿教师往往可以有效地利用环境资源来引发幼儿的适当行为。目前我国幼儿园硬件水平存在着较大差异，经验丰富的幼儿教师往往都体现出很强的教学艺术，能够充分利用幼儿园现有资源完成环境创设、玩教具和学习资料制作以及游戏组织设计等。

但是，在玩教具和学习材料的制作方面，很多学生还是主要依靠网络资源来完成任务，并未主动思考如何利用幼儿园现有资源，结合大学理论课程《学前儿童玩具设计与制作》进行玩教具的设计与制作。

（二）儿童游戏设计方面创新性、实用性欠缺

幼儿具有与生俱来的爱玩天性，游戏活动能够唤起幼儿的活动兴趣和注意力，借助游戏可以有效地对幼儿进行教育。幼儿可以通过游戏，陶冶性格、获得知识、锻炼身体和开发智力，促进其运动能力、良好情感、社会性和个性等方面的发展。幼儿教师无疑需要具备良好的游戏设计和组织实施能力。幼儿园日常游戏活动要求符合幼儿的身心发展需要，适宜和能够吸引儿童参与，具有很强的可实施性和教育性。

当前，虽然学生具有一定的游戏设计和组织实施能力，但是在如何能够结合专业理论知识，高度贴合幼儿兴趣需要、阶段发展特点方面体现出明显的不足和短板。首先，学生过度依赖网络资源，缺乏自我思考和自主设计意识，不能有效区分不同年级幼儿对游戏的不同需求。其次，不能充分考虑现场实际环境和条件，忽视幼儿游戏过程中存在的安全风险，缺少防范策略。最后，组织实施能力不足，游戏不能按计划有序进行，游戏效果大打折扣。此外，游戏设计与指导的目标不清晰，不重视游戏过程观察和结果分析，游戏活动的重要教育价值降低。

（三）与他人交流沟通方面缺陷明显

教师大部分工作内容需要面向各形各色的人。幼儿教师在日常工作教学中，除了建立师幼关系，还需要与同事、家长以及社区沟通、合

作。所以,幼儿教师应该具备良好的人际交往能力,能够与关键人保持良好的沟通,妥善处理人际交往矛盾。根据“实践共同体”理念,幼儿园环境中的管理者、幼儿园专任教师和保育人员等共同构成了目标一致的实践共同体。共同体中的成员可以通过信息交流、经验共享、合作互助、相互学习促进个体和集体的共同成长和进步,所以,良好的同事关系对于个人专业发展非常重要。根据社会学习理论,各种环境因素对于幼儿的成长起到综合作用。幼儿园、家庭和社区共育的效果直接影响幼儿的身心健康发展,幼儿教师必须与家长和社区保持良好沟通。

当前,一些学生在与幼儿的沟通交流方面表现良好,在与同事、家长和社区沟通方面却存在不少问题。在与同事的沟通交流方面,具有很强的意愿,但是,由于是实习身份,因此,感觉真正融入幼儿园工作集体中去,还比较困难。与家长沟通交流方面,缺少情绪控制能力和主动性,沟通用语不够专业,说服力不足,沟通方式和技巧不够灵活,总体上缺乏有效沟通。与社区合作交流方面,不能很好地协助幼儿园与当地社区居委会之间建立合作和联系,不清楚如何利用自身的专业理论知识优势协助幼儿园加强与社区的关系,不知道怎样和社区合作组织活动,建设幼儿社区成长环境。

(四)应对幼儿教育工作中突发事件的能力不足

1. 应对幼儿安全突发事件能力欠缺

幼儿教育与其他教育的不同之处在于,需要对幼儿进行保教结合。幼儿教师应该能够依据专业理论知识,根据幼儿的需要帮助其养成科学的生活规律,培养幼儿良好的饮食、睡眠、盥洗、排泄等生活习惯和生活自理能力。幼儿园作为幼儿日常生活学习的主要场所,往往会发生意想不到的安全突发事件。3—6 岁幼儿的身体格外脆弱,同时又比较活跃调皮且缺乏自我保护意识和能力,无法有效识别危险和避免人身伤害,所以,需要幼儿教师加倍呵护。这就要求幼儿教师具备良好的应对幼儿安全突发事件的知识、技能和心理素质。例如,幼儿间相互打架产生的抓伤、咬伤,游戏活动中出现的摔伤、刮伤,进餐时突发的食物堵塞气管,幼儿突发疾病等。

能够很好应对幼儿安全突发情况,保证幼儿的身体健康安全是对幼儿教师的基本要求,如果不能有效地处理安全突发事件,就很难保证幼儿的人身安全,就更无从谈起对幼儿进行优质的幼儿教育。但是,目前很多幼儿教师对于处理幼儿安全突发事件的能力明显不足,这应该引起重视和关注。

2. 应对幼儿行为问题手足无措

在幼儿的成长过程中,会存在各种各样的行为问题。倘若幼儿行为问题没有得到合理、及时、有效的干预和纠正,无疑会对幼儿心理发展起到极大的消极作用,以致妨碍幼儿日后的学习和生活,甚至会对幼儿一生产生深远的负面影响。毋庸置疑,在幼儿教育工作中,幼儿教师应当善于发现并正确看待幼儿出现的行为问题,根据幼儿教育专业理论知识结合实际情况做出准确判断,从而运用专业的言行教育纠正幼儿的不正确行为。

很多幼儿教育专业毕业的幼儿教师,在处理儿童行为问题上还是有所不足和欠缺的,不能够站在专业的角度,运用教育教学知识和儿童心理学知识处理幼儿行为问题,应当鼓励幼儿教师从"如何从幼儿行为发现儿童情感需求以及矫正其不正确行为"方面多加反思。

(五)反思与发展能力亟须提升

反思能力既是幼儿教师提高自身专业实践能力的学习工具,也是其专业发展和职业成长的核心要素,更是其专业实践能力的一部分。因为教学反思必须依托幼儿教育专业系统理论知识,结合教学实践问题(如师幼关系问题、游戏指导问题、家园共育问题等),促进自我内在专业结构的不断更新与进步,这是幼儿教师专业发展的根本途径。科研能力也是新时代幼儿教育对幼儿教师的需求和期望,幼儿教师作为幼儿教育实践的一线人员,有条件观察、探索和研究幼儿保教工作中的现实问题。幼儿教师将幼儿教育理论知识与日常保教实践问题相结合,探索研究幼儿发展规律,既可以提升自身专业实践能力,也可以提高国家幼儿教育整体水平。幼儿教师专业发展空间是潜力巨大的,但是凡事预则立、不预则废,如何制订自身的专业发展规划对幼儿教师的专业发展同样异常重要。从辩证唯物主义观点出发,对自身职业保持发展的眼光是无可厚非的,幼儿教师和其他教师职业一样需要终身学习。所以,幼儿教师应该能够根据自身实际情况,制订专业发展规划,不断提高自身专业素质。

反思、探索研究和专业发展规划三者相辅相成,同时对个体的专业素质提高起到重要作用,但是,幼儿教师在反思和发展能力方面意识不足,存在着很多问题。首先,学生的反思意识薄弱,缺少内在的反思思路和意识,教学反思形式化、表面化倾向严重,个人反思能力欠缺。其次,对于反思后发现的问题,很多并未提出合理有效的解决方案,而是束之高阁、搁置不问。再次,对于保教实践中的现实需要和问题缺乏探索研究的主动性,科研素养偏低,不知如何发现问题、研究问题和解决问题,未能成为一名研究型教师。最后,对于专业发展规划不够重视,随意性较强,缺乏明确的目标,忽视自身专业素养的提高。

五、幼儿教师专业实践能力提升的策略

目前,我国师范类本科院校或其他综合性大学的幼儿教育专业开设数量正如雨后春笋般增长,但是由于幼儿教育本科专业起步较晚,各个高校的幼儿教育毕业生质量参差不齐,同时,国内整体培养水平与国外发达国家相比还存在着一定差距。幼儿教育专业本科毕业生专业实践能力欠缺是当前高校培养不可否认的短板。高校作为幼儿教育专业人才培养的主体,应该具有培养整个过程的反思改进意识,即幼儿教育专业负责人、幼儿教育高校教师应该从研究的角度出发,对高校自身幼儿教育人才培养过程中存在的问题进行研究和解决。优秀的幼儿教育专业人才培养模式应该是动态反思、不断进行质量改进和创新的。高校自身需要具备进步的意愿和发展的眼光,拒绝改变、满足现状、故步自封和观念陈旧势必无法适应时代对于本科院校幼儿教育人才培养的要求。建立健全幼儿教育专业建设发展制度,是高校在战略层面必须考虑的问题。

如何正视目前幼儿教师专业实践能力培养现状,高校需要根据地区实际情况以及自身高校的办学特点,采取适当的改进策略,以培养出符合新时代幼儿教育需求的幼儿教师人才。

(一)合理定位培养目标,优化培养方案

幼儿教育专业人才培养方案是高校对于本专业人才培养的纲领性文件,是整个人才培养模式的基础。它不仅为高校提供人才培养实施标准,也同时为学前教育专业学生提供专业发展的航向。幼儿教师培养方案的制定应该符合以下原则。

1. 以应用型人才培养为导向，注重理论与实践融合

人才分为学术型人才和应用型人才，诚然，幼儿教育作为一种培养幼儿的社会实践活动，幼儿教师就是属于应用型人才。高校幼儿教育专业作为未来幼儿教师的摇篮，以"应用型"人才培养为导向自然是毋庸置疑的。培养学生专业知识、专业技能应用于社会幼儿教育的专业实践能力是目前幼儿教育专业培养的共识。高校在制订幼儿教育人才培养方案时，应当坚持"应用型"的人才培养取向。但是，必须意识到幼儿教育与工程技术操作实践不同，学生只有具有夯实的理论基础作为实践武器，才能在实践教育过程中促进其专业发展。实践是学生验证理论的机会，通过专业实践可以加深学生对于理论知识的理解，并促进自身实践性知识的成长。所以，在培养应用型人才的大前提下，加强学生理论与实践的融合，是培养"应用型"人才的基础。理论与实践相辅相成，切忌厚此薄彼，过分重理论和重实践都是不可取的。

2. 以"专而精"人才培养为根本，走出"广而泛"误区

高校出于本专业毕业生就业率的考虑，对于人才培养的观念是以就业率为本，认为学生在专业学习期间涉及的相关知识技能面越多越广，越有利于获得更多更广的就业机会，最后导致的结果就是学生对于幼儿教育专业知识和技能掌握不牢固，无法满足社会对幼儿园专任教师的实际需求。术业有专攻，幼儿教育属于专业特征非常明显，对于进入幼儿教育领域的人员有着与中小学教育明显不同的要求。所以，幼儿教育专业培养方案的制订，应该将培养学生在幼儿教育领域的"精而专"作为根本目标，杜绝盲目追求通才教育、过分强调就业率。这样，幼儿教育培养方案才能更好地指导高校教师进行课程的实施，引导幼儿教师专注幼儿教育实践活动。

3. 坚持"专业、民主、发展"原则，消除"因循守旧"思想

专业，是指高校培养方案的制订应该严格以国家政策制度、专业认证标准、幼儿教师专业标准以及课程标准为理论依据，借鉴国外优秀幼儿职前教师培养项目经验，结合高校自身实际，制订出切实可行的人才培养方案。人才培养方案应该具有科学性、时代性和可实施性。

民主，是指高校培养方案制订应该鼓励相关各方的积极参与，切忌

闭门造车和形式主义。部分高校管理人员专业建设意识薄弱，往往不注重培养方案的价值，甚至懒工懒政思维浓厚。培养方案制订的往往是少数人（专业负责人、专业教师）借鉴其他学校，导致的结果是培养方案雷同，缺乏校本特色，与学校实际情况匹配度较差。高校人才培养方案的制订应坚持开放、包容的民主原则，邀请行业专家学者、幼儿园优秀一线园长教师以及本校过往毕业生共同探讨，征询各方意见，在充分调研、论证的基础上，制订出符合高校自身人才培养需求的培养方案。

发展，是指高校具有时代发展眼光，保持对幼儿教育专业领域人才培养理念、理论发展与变化的关注，加强与其他高校之间的沟通交流学习。此外，保持对国外幼儿教师职前培养的相关研究有助于高校自身幼儿教育专业建设理论的完善和改进。运动是物质的根本属性，世界也是一直在发生变化的，幼儿教育及其教师教育发展也经历了沧海桑田，诸多新的理论和人才培养模式层出不穷，所以，高校的发展思维对于自身的幼儿教育专业建设起到了举足轻重的作用。高校幼儿教育专业建设和研究人员应该具有前瞻性和国际视野，人才培养方案需要进行适时更新，保持幼儿教育专业建设纲领性文件的先进性与适应性。假设培养方案陈旧落后，缺少前瞻性，那么，专业学生在四年后毕业时未必能够符合彼时的社会需求。

（二）夯实专业理论基础、提升专业技法技能

幼儿教师专业实践能力的研究虽然角度广泛、观点繁多，但是很多研究人员关注的焦点还是集中在实践教学课程部分。在国家和社会对学前教育专业毕业生提出加强实践能力的希冀下，不能忽视学生在培养过程中的专业理论知识构建，理论是实践的基础，没有理论指导的实践是盲目的、随意的和缺乏根基的，专业理论知识可以为学生的专业实践以及毕业后的职业发展奠定基础。高校幼儿教育专业理论知识的呈现主要是通过校内课堂教学，依靠理论课程教材系统知识和专任教师理论知识水平实现。高校可以从以下方面提升幼儿教育专业学生理论知识的学习与储备。

1. 改进专业理论和技法课程实施环节

（1）规范理论课程教材的选取和使用

教材书籍是幼儿教育专业理论知识呈现的主要方式，其特点是可以

将相关理论知识进行系统性组织。学生通过教材可以对已有的幼儿教育理论体系有一个清晰的了解。但是，不可否认，目前高校在教材的选取和使用方面具有诸多不足。通过调查对象的反馈，许多教材在课程结束时使用率并不是很高，不少同学束之高阁；选取的教材与教师课堂授课 PPT、讲解内容关联性较差，任课教师不愿使用；部分教材追求高大上，却不符合幼儿教育专业培养的实际需求。所以，高校应当规范理论课程教材的选取和使用。

首先，应当保证课程教材与本校幼儿教育专业培养方案相匹配的教材，充分参考任课教师意见，满足学生未来进行幼儿教育专业实践的实际需要，保证教材的适配性和实用性。其次，幼儿教育专业负责人及教材选用人员应该保持对国内幼儿教育教材的敏感性，日常工作中应当涉猎不同层次的教材，选用符合时代需求的教材，保证教材的先进性和时效性。另外，应当建立规范的教材选用、停用和更换流程，从流程制度上消除教材选用随意、杂乱、无序的问题。

（2）重视任课教师队伍专业化建设

由于多年来高校教师评价体系的弊端，有些教师过分关注课题研究和学术成果，对待学生课堂教学采取敷衍的消极态度。诸如缺乏责任心，反感备课，授课方式方法传统陈旧，教学策略单一。另外，地方院校由于地区性的原因，师资力量较为薄弱、博士层次的幼儿教育专业人才欠缺，从而导致理论课程任课教师专业水平不足，鲜有达到金课水平。综上，高校应该从任课教师队伍专业建设上采取相应措施。

第一，加强幼儿教育专业人才引进和现有校内任课教师专业发展，通过一系列奖励刺激措施，鼓励现任教师继续深造，从而提高任课教师队伍的专业性。第二，加强学校师风师德建设，改革创新教师评价体系，推进师生互评模式，并适当将教师从繁重的学术研究中解放出来，进而提高任课教师的责任心。第三，完善课堂教学评价和奖惩制度，对于乐于课堂教学，善于使用多样教学方式方法的教师要给予一定的奖励。第四，为任课教师提供学习培训机会，使之把握高等教育特点，掌握成人教育理论以及学生群体的心理特点。第五，鼓励任课教师发挥学生学习的主体性，理论知识与实践案例相结合，使学生改变理论知识高高在上的感觉，让学生感受到运用理论解决实际问题的过程，从而激发学生的自主学习能力。

2. 重视理论意识,纠正“理论无用”的观点

多年来,高校幼儿教育本科专业虽然重视理论知识的教育教学,但是由于理论课程教材陈旧、任课教师教育课堂教学方法欠缺以及考核流于形式等诸多因素的影响,导致学生关于幼儿教育的专业理论知识掌握并不是非常理想。在学生群体中,不乏有人认为理论知识用处不大,更有甚者随着学习的深入,有些学生到大四时,理论知识基本忘得差不多了。造成这种结果的原因,很大程度上是由于高校并未注重培养学生重视理论的意识。

从班杜拉社会学习理论可知,个人的能动性对于学生的学习效果有着无与伦比的作用。理论知识的学习相对于实践课程,相对枯涩难懂和无趣,各种抽象的概念和原理会降低学生的学习兴趣。根据班杜拉的观点,高校可以采取替代经验和言语劝说的方式加强学生重视理论意识和理论学习兴趣。例如,高校增加高质量高频次的学术型讲座,邀请学前教育优秀专家、学者进行互动交流,运用榜样作用感染学生,促使其观念转变。另外,开展理论知识竞赛,鼓励学生积极参与,给予一定的物质或精神奖励,从而利用强化原理不断增强学生的学习兴趣。具备条件时,可以开放部分高校幼儿教育专业教师研究项目,使得本科学生获得使用理论知识参与课题研究的机会,并在此过程中获得满足感和成就感,从而达到强化学生重视理论知识的效果。

3. 加强学生理论和技法课程评价,切实保证学习效果

幼儿教育专业培养过程中,对于理论课程的学业评价往往要求较低。很多学生平时对于理论课程的学习不够重视,而是在临近期末考试时突击复习任课教师标注的重点内容,仅仅是以通过考试为学习目的。这样导致的必然结果是理论课程的学业评价流于形式。如何优化幼儿教育专业理论课程的评价考核,是高校亟待解决的问题,高校可以采取课堂过程性评价、阶段性评价和结果性评价相结合的学业评价体系。学业评价的根本目的是促进学生学习的自主性和能动性,使之能够自发地利用时间进行专业理论知识学习。

4. 依托现代教育技术,建立幼儿教育共享知识库

当前现代教育技术在高校建设中应用日益广泛,以高校教学业务需

求为导向的智慧校园平台建设也在逐步完善，尤其是自2020年疫情以来，线上教学和学习模式得到广泛使用。在大数据、云存储和云计算技术逐步成熟的今天，高校应当充分利用现代教育技术作为幼儿教育理论知识学习的辅助手段，借助大数据、云存储和云计算技术可以有效解决理论知识传统呈现方式的不足。以大数据、云存储和云计算为依托的智慧校园平台可以构建一套幼儿教育理论知识共享数据库，学生可以借助各类智能电子产品（手机、平板、电脑）等硬件设备，按需灵活调用学习资源，打破理论知识学习的时间、空间和资源界限。

（三）完善专业实践课程体系，健全质量保障机制

专业实践课程是全球教师教育项目的核心部分，为学生在职前提供了理论联系实践的平台，这主要包含实习、见习等校外实践内容。专业实践课程效果直接决定幼儿教育专业毕业生的专业实践能力，关乎学生生存就业和专业发展。所以，高校应该为学生提供行之有效的专业实践课程，培养学生的专业认同、激发学生的实践动机，从而弥合幼儿教育专业培养理论与实践的差距。

1. 重视“校园”合作和“双师”建设，构筑实践共同体

（1）深化校外专业实践基地建设

专业实践基地主要是指幼儿教师在专业学习过程中进行实习、见习的场所，主要是以幼儿园为主。调查研究表明，专业实践基地的质量直接影响学生专业实践能力的培养效果。高校在选择合作的专业实践基地时应该具有以下原则：一是就近原则，宜选择与高校位置交通便利、路程较短的实习幼儿园。二是高质量原则，宜选择办学理念新、学校环境好、气氛融洽和师资队伍强的实习幼儿园。三是稳定性原则，宜选择有强烈合作意愿的幼儿园作为实习单位，方便长期的高校实践课程研究。

高校可以根据自己幼儿教育专业的培养计划和学生规模，与多家高质量幼儿园建立合作关系，加强幼儿园及其在职教师与高校幼儿教育专业培养的黏合度，建立高校实习幼儿园实践生态系统。专业实践是构建和加强学生职业认同感的关键途径，高质量的实习幼儿园能够让实习学生深度参与到日常幼儿园教学工作中，而不是仅仅为学生提供实习环境，完成实习课程要求的时间和学分，却缺少实际教学机会，从而无法

达到预期的实践效果。足够的实习幼儿园数量可以避免出现实习学生扎推实习的现象，从而影响实习学生的参与度，降低专业实践效果。

高校可以实行实习幼儿园质量评分和等级评估机制，按学年实行入围审核，对于优秀的合作实习幼儿园给予一定奖励。相反，对于持消极态度的实习幼儿园责令整改或停止合作。同时，高校应该改变观念，不应将实习幼儿园视为义务服务，在实行实习幼儿园监督考核机制的同时应给予实习幼儿园互惠机制。例如，可以借鉴欧洲国家为实习幼儿园支付费用或者为实习幼儿园提供继续教育的机会等做法，以促进实习幼儿园对实习学生的支持和帮助，消除实习幼儿园将实习学生当作廉价劳动力的错误观念。

（2）确保校外实习导师质量

根据班杜拉社会学习理论，行为因素受到个体因素和环境因素的共同作用，并且观察学习是重要的学习方式。校外导师在幼儿教师专业实践过程中扮演着极其重要的角色，大量研究表明，校外导师是学生专业实践能力培养的外在驱动力，可以有效促进学生专业实践知识的形成。

高校应制定校外实习导师担任资格标准，并提供上岗培训课程，加强其实习监督和指导能力。从专业角度建设一批高质量的校外实习导师队伍。担任校外实习导师的幼儿园在职教师应该具有丰富的一线幼儿教学经验，具有责任心和服务意识，高校可以采取一系列措施，提高校外实习导师质量。例如，高校定期举行幼儿教育资深专家、学者讲座、座谈交流会或者提供培训学习课程，以此提升校外导师专业水平和指导能力也可以将校外导师作为学校外聘人员，并支付服务费用，为其提供有利于个人发展的继续教育机会来提高校外导师的积极性。同时，高校也应当加强对校外导师的质量评定，考核不达标的人员不得担任校外实习导师。

校外导师应当起到“示范者”作用，班杜拉学习理论指出，学习可以通过观察来实现。在专业实践过程中，校外导师的各种课堂行为表现都对学生起到榜样作用，学生通过集中注意力观察校外导师处理实际情境问题的示范，并对其记忆和反思，在下次遇到相似情境时可以模仿校外导师的示范行为。校外导师应当起到“监督者”作用，即校外导师应该具有观察、识别和评价实习学生实习过程行为的能力。可以对学生的适当行为予以鼓励，不当行为予以制止和纠正，对于学生的学习态度、过程和结果能够给予公平公正的评价，而不是仅仅和稀泥式的形式主义。

校外导师应当起到“脚手架”作用,即校外导师在对学生进行观察协作时,应该能够“即时建模”和“即时反馈”,有意识帮助实习学生处理课堂即时困难问题,并提供指导和建议。校外导师在指导过程中,应该规范用语,尽量使用专业术语进行解释和说明。校外导师应当充当“反思引导者”作用,即高校应当加强对校外导师反思指导能力的培训,掌握正确引导学生进行反思实践的技巧和步骤。

(3)提升校内实习导师水平

校内实习导师是高校专业实践课程的实施者,是整个专业实践课程计划的指导者,充当着高校与实习单位之间互动联系的桥梁。可以将实习学生的真实需求反馈给实习单位,也可以将实习单位详细情况介绍给实习学生,校内实习导师的质量决定整个专业实践的方向。另外,校内实习导师可以作为研究者,对整个专业实践过程进行观察、分析和研究,发现专业实践课程中存在的问题,并不断优化高校的专业实践课程。

高校应当建立足够数量的校内实习导师队伍,以解决校内实习导师数量与实习学生数量配比失衡的问题。个体精力是有限的,如果校内实习导师数量较少势必影响校内实习导师对实习过程的参与。高校应当加大专业人才引进,提高校内实习导师队伍质量,解决地方高校实习导师队伍存在专业性不强、学历层次低等问题。高校应当对担任校内实习导师队伍进行针对性培训,加强校内导师的监督评价能力,提高校内导师指导学生进行核心反思的指导能力。

2. 优化实施过程,提升专业实践效果

(1)科学合理安排专业实践时间

高校应该遵循“循环往复、螺旋上升”的原则,可以考虑将集中实习时间适当分解到其他学期中。例如,在大一时可以安排一定的课时参观实习幼儿园,感受幼儿园日常教学氛围,让初入专业学习的学生形成幼儿教育情境的具体感知,再通过理论课程学习找到理论支撑,这也符合情境学习理论的观点,即知识是发生在具体情境中的。根据国外基于实践的职前教师培养经验,高校可以在大一开展幼儿教育专家、学者讲座,为学生描绘出生动形象的幼儿教育景象,培养学生的专业认同感。另外,为学生匹配稳定的实习幼儿园,形成第二课堂,在大学四年中都有合适的时间进行见习和实习。在实习幼儿园中应用和检验理论,再将实践问题带回大学课堂进行讨论学习。大四时，学生可以选择感兴趣的问题，展开反思性研究，写出有意义的毕业论文。

（2）重视实习动员和实习准备

根据理论基础和调查研究可知，学生个体的动机、情感、态度和价值观对于学生学习效果起到重要作用。自我决定论认为，个体在充分认识个人需要和环境信息的基础上，个体对于自己行为会做出自由选择，这是动机理论中的重要观点，即自我能动的观点。

高校应当注重实习动员的策略使用，即学生进行专业实践前可以开展专业实践专家讲座，进行专业实践的动员，实习动员活动切忌官方、形式、不接地气、言之无物，而是应当充分考虑学生的心理需求，讲解专业实践的重要意义、预期目标、组织形式和注意事项，使得学生对整个专业实践过程有一个全景认识，形成初步的心理准备，增强学生的兴趣和自信心。此外，高校应当组织校内实习导师、校外实习导师与实习学生的座谈会，相互彼此认识了解，建立互动关系，这样可以提前进行人际关系破冰，缓解学生的担忧、紧张甚至恐惧心理。还可以组织实习学生提前参观实习学校，了解陌生环境。

（3）丰富实践过程反思策略

Korthagen 的情境—认知三层模型，强调反思的作用，这也是整个教师教育领域一直在强调的东西，早在杜威时期反思的重要意义就被提出和关注，不过当前反思理论正从传统的个体反思向集体反思转变。学生的反思能力不仅决定大学学习期间的专业实践能力形成，也对未来的个人终身发展起到不可磨灭的作用。国内外对于反思的研究非常广泛，地方高校可以借鉴相关观点来促进学生在幼儿教育专业实践过程中的反思效果，进而保证专业实践能力的形成。

①实践共同体集体反思策略。高校首先应该运用同伴学习和集体反思原理，让实习学生组成实习小组（三人一组，人数过少则同伴反馈意见不足，人数较多则讨论时会降低部分人的参与度），小组成员可以配备一名校外实习导师。这样合作学习就建立了实践共同体，通过群体身份和共享方法可以促进实习学生的共同反思和情境学习。在实习过程中，小组成员相互观察监督、记录，并提出反馈意见，由于每个人的角度不同，因此，可以发现不同的优点和缺点，小组成员彼此之间的互动沟通可以形成小范围的经验共享，有利于学生的实践性知识学习。此外，校外导师和校内导师作为实践共同体的核心成员，与实习学生组成了三

角关系。高校应该形成固定的集体反思模式,如在专业实践课程期间定期举行集体反思会议,导师根据学生实践过程中存在的问题和现象对学生进行提问,通过一定规则的反思引导步骤,实现学生对于实际情境与理论知识进行衔接的能力。在此过程中,导师应该从“如何展开小组讨论”“如何使用专业术语解释情境问题”和“如何分析理论与实践之间的关系”等方面进行反思协助。导师在学生反思过程中的协助是学生建立情境和学术之间关系的重要纽带。导师在谈话中的行为取向是促进情境表征,提供支持,并通过探究来指导对专业实践的分析和反思。导师协助可以促进学生自主学习、表达想法和观念形成。导师必须通过辩证探究和“脚手架”策略加强实践共同体之间的平等互助和知识共享的集体反思,深化学生对理论和实践之间的辩证关系的理解。

②视频记录反思策略。一方面,视频可以用来记录和说明示范性的幼儿教育课堂实践,使实习学生能够反思自己和他人的专业实践,而且还可以用作教师评估和认证的辅助工具。它可以为学生提供其他反思方式所没有的信息——自身实践教学时的具体行为信息(如手势、姿势、凝视、语气、面部表情、材料的使用和定位),身体其实是非常重要和实用的课堂教学工具。另一方面,对自己教学进行录像的要求会使学生产生适当焦虑情绪,从而促进其自觉意识,自发专注其教学行为过程中的专业性。另外,视频记录还可以为学生提供观众视角来审视反思自己的实践教学过程,通过视频重新复习一堂课可以让实习学生回到特定的时刻和行为,从而允许更多的锚定反思。基于视频的反思是一种前瞻性反思,学生查看自身特定情况的视频记录并对其进行即时反应和思考,如自我思考:“我在这种情形还能做什么不同的事情?”和“我将来该如何做得更好?”在具体适用时,高校应该注意因为视频录像导致的学生教学行为的过度表演和“教师中心”等现象,这需要通过上述的实践共同体集体反思来消除和改进。

③运用反思日志进行反思。反思日志写作可以使学生反思他们的专业实践,提高其自我意识,支持自身专业发展,是一种有效的反思性实践工具。它可以有助于学生在专业实践过程中获得洞察力、进行详细评估和制订未来策略。高校应该指导和要求学生进行反思日志写作,重点记录其“真实课堂生活”和“教学实践中的积极经历”,避免学生应付作业式的抄袭和拷贝。反思性日志使实习学生能够更多地反思自己的思想和感受,对专业实践过程进行更详细和深入的评估以及自我评价。

所谓真实课堂生活，是指在实际课堂环境中遇到的困难和对理论知识转化为实践的关注。教学实践的积极经历是指实习学生从他们的专业实践中获得的积极经验和个人教训。

④运用现代教育技术，进行线上反思讨论。鉴于面对面集体反思和个体视频反思的局限性，以及导师个人时间的限制，高校可以考虑运用现代教育技术，促进互联网线上反思的策略使用。例如，运用钉钉、企业微信等办公软件，构建线上实践共同体。线上群组讨论具有灵活、实时的特点，方便学生在反思问题产生疑问时及时沟通解决。也可以建立线上反思视频库或示范教学视频库，设立线上互动板块，供实习学生随时随地进行视频反思并在线上进行沟通交流。

（4）充实校内专业实践活动

大学校园由于先天局限性，无法提供类似幼儿园的实景教学机会。但是，可以利用高校内的有限资源，为学生提供适当的实践机会。虽然缺少教育对象幼儿的实际参与，但是，学生可以通过参与相关活动，加深对专业知识的理解，以此提高学习兴趣和成就感。通过这种方式可以为后续的校外实践活动做好相关的身体和心理准备。例如，鼓励学生参与课题研究、采用微格教学手段、举办专业实践类比赛以及无学生上课、说课等。

3. 规范专业实践课程评价标准

专业实践课程的监督评价模式能够影响实习学生的态度和行为，适当的压力和焦虑可以使实习学生具有良好的学习态度，并直接影响专业实践课程的实施效果。当前，专业实践课程监督评价体系缺失和不健全，很多学校仅要求提供实习手册和实习报告，致使部分学生对待实习、见习态度不端正，实习、见习过程中出现“划水”现象。

完善的考核评价标准是保证专业实践课程实施效果的关键。适当的压力可以端正学生的学习态度，提升学生的参与度，保证学生的学习投入。

很多学校现行实践课程评价缺乏科学规范的评价指标，未能提供真实有效的反馈结果。评价不是目的，而是手段，意在刺激学生认真对待专业实践课程，并收获实践性知识。所以，学校务必秉持过程与结果并重，实现对学生专业实践的全程监督评价。高校应该由校内导师和校外导师组成专业实践课程评价小组，根据学校标准和幼儿教师专业标准以及实际情况进行优化，建立科学实用、公平公正、公开透明、合理可行的专业实践学业评价体系。校内实习导师无法详细了解实习学生的具体情况，对此，宜采取校内导师、校外导师和同组学生互评的打分模式，在重点考核专业实践能力的同时，关注学生的态度、成长和日常表现。

（四）强化专业认同，促进学生自主学习

1. 开展招生宣传，重视专业引导

研究表明，学生的专业认同感、职业理想和就业观等情感态度影响学生专业实践课程的学习投入，进而影响专业实践能力的提升。调查发现，学生对于选择幼儿教育专业的原因不尽相同，如何强化学生专业认同对于学校人才培养效果至关重要，也直接影响学生毕业是否从事幼教工作的就业意向。首先，针对学生非自主选择专业的情况，学校应该在招生时就做好专业宣传工作，学校招生和宣传部门应该把握学生高考报考志愿的时机，举行学校专业报考宣讲会，大力宣传幼儿教育专业，普及幼儿教育知识。如此，既可以吸引更多真正热爱幼儿教育事业的优秀学子进入幼儿教育专业学习，又可以避免部分学生因盲目报考而耽误自身一生的发展。其次，学校应对幼儿教师充分开展专业认同教育，分阶段、全过程、全方位、多元化地进行专业引导教育。学校应当重视新生专业引导课的开设，加强学生专业理解，增加专业学习兴趣。大一新生正处于从高中到大学的过渡适应期，学习内容发生较大改变，学生缺乏对专业的认识，尚不能进行很好的大学四年学习规划。学校应当认真安排专业引导课程，从专业详细介绍、前沿发展和工作就业等多个方面展开，学校还应详细介绍专业人才培养方案，使新生对于大学四年学习形成整体概念，把握四年各阶段学习重点和难点。同时，学校宜邀请专家学者、优秀毕业生等分享专业学习经验和方法技巧，给予专业学习一定指导和建议，促进学生专业学习思路形成，树立学习目标和未来发展方向。

2. 营造学术氛围，加强专业认识

幼儿教育本科专业人才培养往往强调理论与实践并重，但是学生普遍认为理论知识与实践需求脱节，进而导致学生学习积极性降低。学以致用是我国人才培养长久以来的不变目标，“以学生为本”也是人才教育的根本理念。所以，学校要为学生营造浓厚的学术氛围，鼓励学生积

极参与学术活动，从而提高学生专业实践能力，加深专业认识。首先，从社会学习理论的角度考虑，高校教师作为人才培养的主要参与者，对学生学习起到榜样示范作用。专业素养好、学术水平高、教学能力强和道德行为规范的教师具有独特的个人魅力，容易受到学生的崇拜、敬仰和学习，从而起到很好的榜样示范作用。正所谓批评说教，不如以身作则，此外，课堂上，教师应当丰富授课方式，提供学生案例探讨和话题讨论的机会，加强师生互动；考核上，教师可以增加“幼儿教育”主题的小论文作为考核的一部分，间接鼓励学生查阅“幼儿教育”主题文献等。其次，学校可以适当开放课题研究，作为专业实践的一部分，鼓励学生积极参与教师的课题研究过程，感受学术研究魅力，了解课题研究方法，体会学术研究意义，增强专业学习乐趣。再次，学校应积极组织“幼儿教育”主题的学术报告、学术沙龙、学术研讨会和各类竞赛活动，邀请业内专家、一线优秀幼儿园园长/教师分享幼儿教育最新成果、实践经验和国内外发展趋势。通过说教强化，加深学生专业理解，提高学生学习兴趣和主动性，进而发挥个体能动性，保证人才培养效果。最后，学校应当定期组织“幼儿教育”主题的社会实践活动，为学生尽可能提供接触幼儿群体的机会，力求在实际情境中，观察幼儿行为，观摩教师教学，并及时组织教研讨论，深化学生专业认识，提升专业实践能力。在学术氛围中，学生可以更加具体、深入地了解幼儿教育专业，提高专业认同感，增强学习动机，发挥个人潜力，促进自身专业成长。

3. 重视个体差异，提倡个性化教育

每位学生都是与众不同、存在个体差异的。“一刀切”、单一化的培养模式削弱了个体的创造性和发展潜力，学校培养过程中往往忽视学生个体特殊需求。所以，学校应当在立足整体的基础上，充分利用学校资源条件，针对学生个体特点，尽可能地提供个性化教育机会。首先，院系应当采取开放、包容的态度收集学生对于专业建设的意见和建议，了解学生的困难和诉求，创设学习环境，提供实践机会，尽可能地为学生提供学习便利。学校院系应当践行“以学生为本”，使学生感受到人文关怀，增强其自豪感和舒适感。其次，对于学业态度较差的学生应当及时介入并加强心理辅导，而不是听之任之、放任自流。部分学生由于自制力不强，缺乏人生目标和理想，而荒废学业，自暴自弃。对于这种情况，学校应当健全相关管理机制，构建院系—班级—寝室的监督互助体系，强化辅导员/班主任的心理辅导能力和技巧，鼓励学生间的监督、互助，以此创造良好的整体环境氛围。再次，在本科学习中，学生处于从象牙塔生活向社会生活过渡的阶段。个别学生对于自身人生规划不清晰，可能会出现迷茫和困惑的现象。面对日益增加的就业恐惧和压力，学生或多或少会出现不同程度的心理问题，会牵涉学习精力，影响学习效果。所以，学校应当开展心理辅导，舒缓学生心理压力，并适时开展职业规划课程，帮助学生进行职业规划和目标设定。最后，学校可以根据自身实际，采取灵活弹性的专业管理机制，为学生提供二次选择专业的机会，这样可以让真正喜爱幼儿教育的学生进入专业进行学习。

第二节 幼儿教师的信息技术应用技能培养

一、幼儿教师提升信息技术应用能力的意义

（一）信息素养对幼儿教师越来越重要

传统的黑板式教学在幼儿教育阶段已不合时宜，将信息技术引进幼儿园，使得幼儿教育教学更加丰富多彩，在幼儿应用信息技术很有价值，不仅有利于教师管理幼儿，而且能很好地吸引幼儿的注意力，符合幼儿的认知方式和学习习惯，进而取得良好的教育教学效果。幼儿作为“数字原住民”，时刻感受着信息技术给生活和学习带来的便利，电子绘本不仅能够调动幼儿的多种感官，还可以通过人机交互给予幼儿无压力的个性化学习机会，开阔幼儿的眼界。幼儿教师有意识地培养幼儿的信息素养，对幼儿正确使用信息设备、发挥互联网对幼儿的正面作用具有积极影响。信息技术在幼儿园应用的范围越来越大、频率越来越高，幼儿教师要格外注重信息素养的提升。

（二）应用信息化教学是提升幼儿教师教学质量的重要手段

信息技术在发展，信息化教学手段也随之推陈出新，教育也要跟随时代的步伐，利用信息化教学为教师提供便利，通过网络资源，教师可以为学生提供优质、丰富多彩的教学资源和教学内容。21 世纪是数字化和信息化的时代，对计算机技术和多媒体技术等进行了深度的开发、

应用和扩展,为社会信息的传递带来了前所未有的便利和价值。幼儿园教育是幼儿接受启蒙教育的重要阶段,因此,幼儿园应用信息化教学不仅可以促进幼儿教师信息化专业的发展,丰富教学活动的形式与内容,提升教学质量,还可以促进幼儿认知学习与发展。

(三)幼儿教师信息化教学能力的提升是专业发展的必然要求

幼儿教师信息化教学手段指的是以幼儿为中心、以促进幼儿发展为目的,教师为幼儿创设适宜的学习环境,引导幼儿通过情境自主与同伴合作、交流、学习。用信息化教学资源以及信息化教学设备等从事一系列教学活动的能力,可以激发幼儿学习的兴趣,使幼儿在学习中变得更加主动、积极。与传统的教学方式相比,信息化教学最大的不同是以信息化教学手段为传播媒介,应用信息化教学手段进行教学活动实践,从而达到优化教学活动效果的目的。

(四)信息化教学手段丰富了幼儿的学习方式

幼儿的学习特点是通过获得直接经验来学习,在幼儿园的一日教学活动中,教师应该创设适宜的学习情境,让幼儿通过直接感知、实际操作和亲身体验获取经验的需要。幼儿在幼儿园教学活动中,如绘本教学、音乐活动等,幼儿教师可以将绘本和多媒体相结合,做到教育信息符号化,通过文本、图像、声音,展示活动内容,将绘本上的图片利用信息化教学手段做成动画,通过图像和音频,使其能更直观更形象地展现给幼儿,这样有助于激发幼儿阅读的兴趣,这种形象直观的教学方式有助于丰富幼儿的学习方式,弥补了幼儿在教学活动中不能直接感知的视域。比如,要让幼儿了解祖国的各大景区和名胜古迹,由于时间和空间的限制,幼儿无法亲临景区和古迹现场,教师可以结合信息化设备,出示相关视频和图片供幼儿认识学习,这就大大弥补了传统教学模式中不能解决的问题。

总之,在信息化时代,幼儿在生活中接触到各种各样的信息化设备,如计算机、手机、iPad 等,幼儿通过接触信息化设备,对此获得已有经验。因此,教师通过利用信息化教学手段进行教学活动,可以培养幼儿的发现、探索、创新等能力,并为未来高素质人才培养奠定良好的基础。幼儿教师信息素养的高低会潜移默化地影响幼儿信息素养的发展,所以提升幼儿教师信息素养和信息化教学手段,是促进幼儿信息素养发展的必然趋势。

二、幼儿教师提升信息技术应用能力的理论基础

(一)成人教育学理论

美国教育学家、“成人学习之父”诺尔斯(Knowles)于1968年,将成人教育学定义为一门“帮助成人学习的艺术和科学”。[①] 他深信成人教育学中关于成人学习者的假设不同于传统教育学中关于儿童学习者的基本假设,认为成人学习者有如下几个特点。第一,成人学习者有独立的自我概念并能指导自己的学习。第二,成人学习者像蓄水池一样积累了很多生活经验,这些经验是丰富的学习资源。第三,成人学习者的学习需求与变化着的社会角色紧密相关,具有现实需要性。第四,成人学习者以问题为中心进行学习,并且对可以立即应用的知识感兴趣。第五,成人之间的个别差异随年龄而加大。

也就是说,成人学习理论认为成人学习具有以问题和任务为中心、有独立的自我意识能够管理自己的学习。成人学习理论对本书具有重要的指导价值,在本书中,青年幼儿教师利用互联网进行网络成长,一方面是因为互联网能够帮助青年幼儿教师解决现实的工作问题,另一方面在互联网中青年幼儿教师具有极大的自主性,可以根据个人的兴趣以及需要自主选择学习的内容、学习的时间以及学习的方式,从而促进其专业上的成长。

(二)社会认知理论

班杜拉(Bandura)提出社会认知理论,将个体的认知与个体的行为相结合来看待其社会学习,认为社会学习是对行为强化理论和信息加工理论进行综合的过程。[②]

这是因为行为强化理论无法解释清楚个体在行为获得的过程中其内部的认知获得是怎样的,而信息价格理论则将个体行为活动忽略了。班杜拉尝试回答个体的行为是如何发生的这一问题,班杜拉认为在社会环境中人的大多数行为都是通过观察别人的示范而学会的,并且,学习

---

① 吴式颖.教育:让历史启示未来[M].北京:人民教育出版社,2009.

② 张纯兴.现代心理学——现代人研究自身问题的科学[M].上海:上海人民出版社,2000.

者在观察的过程中不需要对别人的示范做出直接的反应，也不必亲身体验强化，只需要观察他人的示范进行强化学习活动。这种学习模式被称为替代性学习，是人类进行学习的重要方式，这种行为本身具有认知性。班杜拉认为人的行为是环境、行为以及个体特征三者相互影响、相互作用的结果，任意单一因素都不足以决定人的行为。个体的行为既受到来自个体的遗传因素以及心理特征的制约，也受到来自周围环境的影响，个体也会根据行为所产生的后果来对后续的行为进行调整。

以班杜拉为代表的社会认知理论研究者强调学习者个人内部因素、行为因素、环境因素对自我调节学习的相互影响，同时强调观察学习的重要性以及学习者认知因素、个体能动性在学习中的作用。社会认知理论对本书具有重要的指导价值，在本书中，青年幼儿教师进行网络学习活动，有来自青年幼儿教师个人心理因素的影响，也有来自周围环境因素的影响，其网络学习行为也是对网络学习的结果的反应。同时，互联网为青年幼儿教师提供了大量观察学习的机会，使青年幼儿教师能够在互联网学习中充分发挥个体的能动性，促进个人的专业成长。

（三）终身教育理论

终身教育思想在20世纪60年代后正式提出，保罗·朗格朗对这一理论具有深入研究，他是该理论的奠基人和倡导者，他提倡每个时期都要积极地接受教育，增长自己的知识经验，锻炼提升各项技能。人们从呱呱坠地到走到生命尽头都要努力接受知识的熏陶，终身教育不局限于在学校内接受教育，人们走出学校的围墙也可以接受社会上的教育，提升自我。教育具有生存功能，一定程度上，“文盲”较难找到高薪又轻松的工作，终身教育不仅仅着眼于教育的生存功能，也不只着眼于人们为跟上时代的步伐去“被动”更新自身的知识技能，它更强调个体自主的、自省的发展，追求“自我实现”。[①]

根据该理论的观点，幼儿教师应当树立终身教育理念，不断更新知识结构和能力结构，使其适应时代的要求，并不断自我提升，以利于更好地追求“自我实现”。信息素养随着时代发展不断注入新的内涵，幼儿教师要具有实现自我更新的意识，树立终身学习的正确理念，积极寻

① 李国强．保罗·朗格朗与终身教育理论——兼论西方终身教育理论对我国教育现代化的启示[J]．教育研究，2017（6）．

求提升自我的方式，以提升信息素养水平。

（四）教师专业发展理论

对于教师专业发展阶段不同的学者有不同的划分，国外福勒和布朗认为教师成长有三个阶段：关注生存阶段、关注情境阶段、关注学生阶段。此外，费斯勒的教师成长八阶段划分更加细致，主要有职前教育、引导阶段、能力建立、热心成长、生涯挫折、稳定停滞、生涯低落、生涯退出等。我国学者叶澜将教师专业发展分为了五个阶段，即非关注阶段、虚拟阶段、生存阶段、任务阶段、自我更新阶段。但无论哪种划分，教师在逐渐成长的过程中，其信息素养都起着举足轻重的作用。

教师的专业发展过程也就是专业化的过程，随着发展阶段的不断升高，对教师专业素养的要求也就越来越高，相对应的信息素养要求也就越高。

三、幼儿教师信息应用能力提升存在的问题

（一）缺乏培养幼儿信息素养的意识

幼儿受到本能的影响更倾向于对视觉等感官刺激性强的学习活动，在这种活动中，他们往往能够集中注意力去感知，幼儿可以利用“人机交互”的形式，探索自己感兴趣的事物，当幼儿掌握一定的信息技术知识和能力后，可以自主地选择他们感兴趣的内容。在此过程中，幼儿感受不到任何压力，更有利于创新思维的发展。

美国曾从国家层面发布政策文件，为包括幼儿在内的全体学生制定信息技术素养指标。①

幼儿作为“数字原住民”，在当下接受着信息技术的影响，未来所受的影响更大，因此，幼儿教师要着眼于幼儿信息素养的提升。部分幼儿教师认为没有必要培养幼儿利用信息技术解决问题的意识和能力，幼儿教师培养幼儿信息素养的意识不高。教育信息化时代重视培养“师生信息素养”的能力，以人为本，注重将信息技术作为发展的内生变量，以支撑引领教育变革。

① 美国国际教育技术协会《国家教育技术标准》项目组著，祝智庭译．面向学生的美国国家教育技术标准[M]．北京：中央广播电视大学出版社，2000.

幼儿教师作为幼儿的教育启蒙者，应当促进幼儿的成长和发展，将信息素养融入教育中，以进行适当的启蒙教育。

（二）教师信息知识掌握能力不足

杜威认为所有孩子都拥有四个本能，分别是探索、交流、表达和创造。[①] 在教育教学中，我们也应当通过技术给幼儿提供探索、交流、表达和创造的机会。因此，幼儿教师应当具备将信息技术与幼儿课程相整合的知识，依据幼儿的身心发展规律，充分发挥技术优势，调动幼儿的多种感官，根据教学内容选择恰当的信息技术资源和呈现方式，为幼儿创设探索、交流、表达和创造的情境。

教育工具应当在教育教学中具有实际意义，而非惧怕"落伍"而生硬地运用在教育教学中，使技术流于形式。教师应具备信息技术对幼儿认知或健康的影响以及根据不同的教学内容选取信息技术资源和呈现方式的知识，只有这样，教育工具才有实际意义，遗憾的是，有些幼儿教师对这方面的知识掌握能力明显不足。教育信息化时代坚持"育人为本"，幼儿教师要以促进幼儿的身心发展为落脚点，掌握将信息技术运用在教育教学中的必要知识。

（三）信息化教育教学能力有待进一步加强

信息能力是信息素养外化的主要表现，幼儿教师的信息能力具有专业性和教育性的特点，幼儿教师要根据学龄前儿童的认知特点，合理地将图片、动画和声音等多媒体资源组织起来，充分调动幼儿的多重感官，使课堂更具趣味性。随着幼儿教育信息化的发展，幼儿园中逐渐普及诸如教学一体机、电子白板、录像机等信息化教学设备，有些幼儿园为了吸引生源还引进了教育机器人。但是，由于幼儿教师的信息技术工具操作能力不强，因此，会对信息化教学能力产生消极影响。

当前，高龄教师的信息能力和乡村教师信息能力相对低下，需要着重培养这两个群体的信息能力。此外，部分教师割裂了信息技术与教育教学的关系，不能有效地将信息技术与教育教学相结合，甚至将一体机视为传统的黑板，造成一体机的滥用，使其难以发挥应有的作用，还有

---

① Dewey. *The Child and the Curriculum/The School and Society*[M]. Chicago: University of Chicago Press, 1943.

的幼儿教师，由于受自身信息技术工具操作能力的限制，要么不会使用现代设备，要么干脆放置不用。

（四）未能充分利用网络学习空间进行网络研修

幼儿教师可以进入其他教师的个人空间，下载优质幼教资源；利用“名师工作室”板块实现与教学名师跨时空交流以及利用“教研员”板块进行教学研讨、互动答疑等。幼儿教师利用“网络学习空间”进行个性化的学习，能够快速促进个人专业发展，提高教育质量。

但是，有些幼儿教师未能重视该平台的使用以及个人空间的利用，这不利于构建“互联网 + 教育”大平台，阻碍了优质教育资源的共建共享。幼儿教师要树立终身学习理念，不断更新知识结构和能力结构，利用“网络学习空间”进行网络研修。

四、提升幼儿教师信息应用能力的路径

（一）幼儿教师层面

1. 更新信息化教育观念，全面提升信息化认知能力

幼儿教师要认识到将信息技术应用在幼儿教育中的价值，随着时代的发展实现自我更新。

幼儿教师要关注幼儿教育信息化的相关核心期刊，了解最新的幼儿教育信息化发展动向，更新信息化教学观念。教师要善于从优秀案例中总结经验，从自身实际和幼儿园实际情况出发，吸收适宜的教育理念并制订可执行的实践计划，使观念和行动同步进行。教育信息化时代要求教师将信息技术与教育教学融合创新发展，幼儿教师要树立正确的信息化教学观念，深度思考如何将信息技术适宜地应用在教育教学中。

2. 积极参加教师培训，重视提高自身技能

幼儿教师的信息技术应用与整合能力是教师专业能力的重要组成部分，幼儿教师要注重这一技能的提升，以适应教育信息化时代对他们的要求。幼儿教师要正确认识到在职培训的重要性，积极参加教师培训，切身感受信息技术与教育教学相结合的魅力，以此产生心灵的共鸣，逐渐认同信息化教育教学的价值，从而自觉进行信息化教学。

幼儿教师专业技能的发展主要依靠在职培训,专业培训不但可以发展幼儿教师新的专业技能,还可以解决教师在实践中遇到的难题。一些年龄较大的教师放大信息技术学习与应用的难度,或者认为不使用信息技术也能保障教育质量的想法是片面的。幼儿教师需要掌握的信息技术有限,并且学习与应用难度不大,应该从心理上接受信息技术,利用信息技术辅助幼儿感知和操作,尊重幼儿的主体地位,利用信息技术手段反思活动、管理和评价幼儿,采取适宜的信息技术方式进行家园共育,等等。信息技术在教育教学、家园共育以及促进个人专业发展中有其独特价值,因此,幼儿教师一定要重视自身技能的提升,积极参加有关信息素养的培训。

3. 增强自主学习意识,促进信息素养的全面提升

幼儿教师具备自我学习意识,实现自我更新,是专业发展的自我要求,也是实现信息技术与教育教学创新融合发展的必然要求。由成人学习理论可知,"成人学习通常以问题为中心"①,因此幼儿教师要重视教育教学问题,善于反思不足,增强自主学习意识,以互联网为抓手,突破自己的信息技术难题,解决知识结构和能力结构单一的问题。互联网中有着丰富的关于信息技术与幼儿教育教学相关的数字资源供幼儿教师选择和研习,幼儿教师应充分利用"平台 + 教育"的服务模式,获得优质的教育资源。幼儿教师可借助"三通两平台"以及"一师一优课,一课一名师"等,自主选择学习资源,结合教育教学中遇到的实际问题,进行教育教学工作和经验的交流。幼儿教师参加信息技术培训的机会有限,因此,必须积极找寻其他方式提升自己的信息素养水平。

(二)幼儿园层面

1. 改善教师福利待遇,提供足够发展空间

物质需求是人人都需要的最基本的需求,幼儿教师的薪资水平在一定程度上影响着幼儿教师对物质需求的满足程度,并影响着幼儿教师对工作的热情和投入。幼儿园要从自身实际出发,发展本园长处,切实打

① 易斌．诺尔茨成人学习理论对中国成人教学的启示[J]. 中国成人教育，2008（12）.

造优势课程，吸引企业投资，引入社会资本，提升幼儿园的经济实力，提高幼儿教师的基本工资待遇、给予社会保障并及时足额地发放工资，为幼儿教师的生活提供保障。幼儿园不但要满足幼儿教师物质层面的需求，也要满足教师心理层面需求，要给本园教师提供足够的发展空间，帮助教师实现职业理想，提升教师专业技能，如幼儿园积极协助教师评职称、定期为教师开展关于信息素养提升的园本培训、定期开展融合信息技术园本教研和定期举行教师“微课”大赛等，给教师搭建发展的平台。

2. 加快园所信息化建设，促进“三通两平台”深入应用

幼儿园要加强自身信息化环境建设，促进“三通两平台”的落实和发展。提高幼儿园的信息化环境建设，不但能满足幼儿和家长对高质量幼儿园的需求，也能给幼儿园带来一定的经济和社会效益，实现幼儿、幼儿园和家长的共赢。

首先，信息化时代电子资源具有较快的更新速度，幼儿园要从实际需求和客观条件出发，更新信息化教育教学设备和电子资源并维护已有的设备，实现资源的最大利用。

其次，幼儿园要鼓励幼儿教师积极建设和使用个人的“网络学习空间”，将高质量的教学课件、媒体素材以及教学视频等资源上传到个人空间，相互交流学习，实现资源的共建和共享以及幼儿教师专业发展的持续提升，让高水平的师资以及数字资源获得有效利用。

3. 强化园长的引领作用，推进教育信息化

园长是幼儿园发展的核心人物，她们对幼儿教育信息化的支持影响着幼儿教师对信息化教育教学的积极性，因此可以从以下几个方面强化园长的领导作用。

第一，园长应深入研读教育信息化的相关政策文件，了解国家对幼儿教师信息素养的要求，在政策文件的指导下积极制定幼儿园的发展规划，提升幼儿教师的信息素养。园长要有教育理念先行的意识，认真研究并落实教育信息化时代对幼儿教师的要求，从心理上认同信息技术与幼儿教育教学深度融合发展的价值。

第二，园长要重视关于信息素养的教师培训，包括园本培训和外出培训。幼儿园要组建园长和幼儿教师全员参与的“教师学习共同体”，

形成一个由园长领导、骨干幼儿教师支撑和全园教师共同参与的信息素养园本培训体系。在此期间，园长和骨干幼儿教师要充分发挥领导作用和支撑作用。此外，高教龄的幼儿教师有着非常多的教育经验，课堂授课有自己独特的风格，能够快速识别活动中的哪个部分加入信息技术会更精彩，因此，可以指导年轻教师如何将信息技术与教育教学相结合，而青年幼儿教师作为“数字原住民”一般具有较好的信息技术应用能力，可以为年长的幼儿教师提供信息技术操作上的帮助。一方面，园本培训要从实际问题出发，整合教师的技术难题，通过园本培训的方式分享互助解决问题。另一方面，可针对幼儿教师信息素养主要的四个构成要素开展针对性的园本培训。在条件允许的情况下，幼儿园还要积极输送骨干幼儿教师进行校外培训，接受信息技术专家教师的指导，解决园中的疑难问题。骨干教师可通过园本培训的形式把学到的知识分享给其他教师，形成“学习共同体”，采取“以点带面”的方式提升全园教师的信息素养。

第三，园长要特别注重信息技术专业幼儿教师的人才引进。一方面，熟知信息技术的人才可以帮助解决技术难题。幼儿教师遇到问题后普遍在互联网海量信息中寻求答案，在花费大量时间和精力后，有时并不能解决问题，耽误教学进程。若幼儿园配备信息技术专业人才，幼儿教师可直接向他们请教，快速解决问题。另一方面，园中配备信息技术专业教师可为园本培训增光添彩，更容易培养教师的信息技术操作能力，进而使幼儿教师的信息技术与教育教学融合创新的能力获得发展。

第四，幼儿园要在园长的带领下定期举行关于信息技术的相关活动，如优质课件评选活动、信息技术与课程整合的教学观摩比赛、示范课评选等，积极表彰应用信息技术教育教学的优秀幼儿教师，提升幼儿教师增强信息素养的紧迫感。幼儿园还要加强与当地高校的联系，积极合作申请与信息技术相关的课题。目前已有幼儿园和高校联合主持信息技术与幼儿教育教学课题的案例，获得了丰厚的研究成果。

（三）教育部门层面

1. 完善幼儿园管理制度，推动幼儿教育信息化

由于幼儿园存在数量庞大以及幼儿教师流动性大等特征，在一定程度上造成了师资队伍质量的下降和教师队伍管理的不便，从而间接影响

了幼儿园的信息化建设和幼儿教师的信息素养水平。教育部门要制定宏观政策,增强工作指导,加强对幼儿园的管理,推动幼儿教育信息化。

第一,教育部门可参考国家对企业的相关帮扶措施,可在幼儿园的资金投入、师资培训和信息化环境建设等方面给予政策倾斜,以此促进幼儿教育更好地发展。

第二,教育部门要严格监管幼儿教师的准入情况,完善教师补充机制,提高幼儿教师工资待遇。将幼儿教育信息化视为重要工作,从制度层面将信息技术应用能力作为职称评定和年终考核的条件,并列入幼儿教师和园长的绩效考核指标体系中。

第三,教育部门要严格审批幼儿园的办园资格,将信息化设备和电子资源等纳入办园资格之中,从而保障幼儿教师和幼儿享受优质教育资源,促进幼儿教育信息化的发展。

第四,教育部门应要求幼儿教师将"三通两平台"物尽其用。当前,一些教育部门对幼儿园管理较为松散,教育部门虽然要求所有公办幼儿教师注册并使用"教育资源公共服务平台",但对幼儿教师没有要求,因此,教育部门要加大对幼儿园信息化建设的监管力度,促进教育资源的共建共享,使"三通两平台"能够物尽其用,不断缩小园际差距和地域差距,逐步推进教育公平。

2. 制定幼儿教师信息素养标准,依据标准培养合格人才

目前,我国尚未设立针对幼儿教师的信息素养标准,这使得幼儿教师信息技术培训缺乏指导性。教育部门要加强顶层建设,积极制定针对幼儿教师的信息素养标准。本书认为制定幼儿教师的信息素养标准既要有理论层面的研究,又要有实践层面的探索。

首先,教育部门应当组织专家加强幼儿教育信息化的理论研究,包括信息技术对各年龄阶段幼儿发展的影响研究、加强五大领域和信息技术融合创新的理论研究和游戏与信息技术相结合的理论等,为幼儿教师信息素养标准的制定打下坚实的基础。教育部门还需要在借鉴发达国家教育信息化进程的基础上立足于中国幼儿教育发展实际,探寻适合中国幼儿教育信息化发展的路子。

其次,幼儿教师信息素养标准的制定应当从教育教学实践出发,有关专家要立足于实践,探寻幼儿教师如何恰当地将信息技术与五大领域相结合、如何将线下游戏与信息技术恰当整合、如何利用信息技术进行

家园共育等。只有将理论和实践相结合，才能制定出符合我国幼儿教育信息化发展实际的幼儿教师信息素养标准。制定幼儿教师的信息素养标准可以为幼儿教师信息素养培训提供依据，减少对技术的盲目滥用或者置之不用。

3. 加大财政投入力度，提升幼儿园经济实力

一个幼儿园的信息化程度基本上由这个幼儿园的经济实力所决定，如幼儿教师工资低下、信息化设备和电子资源单一、教师培训机会少等问题，幼儿园资金缺乏是造成这些问题的重要原因。

首先，教育部门要加大对幼儿园的资金投入力度，建立助推幼儿园信息化发展的专项资金，专项资金的使用要有一定比例，一部分用于幼儿园解决信息化设备和数字资源问题。另一部分用于开展信息素养的培训。在两方面合力的共同作用下，促进幼儿教师信息素养的提升以及幼儿教育信息化的稳步发展。

其次，教育部门要加强全面调研，精准扶贫，将教育资金发放给迫切需要的幼儿园，将资金落实到位，促进教育公平的同时，教育部门还要制定跟进政策和方案，经常调查发放资金幼儿园的信息化设备建设情况，保障幼儿园配齐一体机、投影仪、数码录像机等电子设备；落实“宽带网络园园通”，为幼儿教师便捷地获取优质教育教学资源提供保障。

4. 加大幼儿教师培训力度，促进信息素养稳步提升

幼儿教师的成长和发展主要依靠职后培训，培训要花费大量的人力、物力和财力，教育部门的支持是组织幼儿教师进行信息技术相关培训的关键。在培训形式上，应当在原有培训形式的基础上借助“互联网 + 大数据”，实现移动学习和线上培训的有机整合，以提高培训的效果。

“互联网 +”逐渐融入物联网、移动网络以及人工智能等新兴信息技术，这种新兴信息技术使幼儿教师的培训需求、目标、过程和评价等方面形成智能的诊断、评估和指导体系成为可能，在这种培训形式下，幼儿教师可以进行个性化的学习，而且这种培训形式也有利于大规模地培训幼儿教师，使幼儿教师培训更加高效。

将物联网技术引入幼儿教师的培训中将有很大价值，首先，幼儿教师在线上学习时会留下大量的“数据脚印”，物联网可以实时记录网上

学习的状态。其次，物联网技术还能采集学习过程中的环境数据，更加准确地记录幼儿教师的自我提升状态。培训方可以根据系统对幼儿教师学习分析的情况，对幼儿教师开展个性化培训，让每位幼儿教师都有适合他们能力水平和兴趣的课程，实现培训学习的个性化。线上培训不但能够让幼儿教师自主反复地学习难点、实现个性化培训以及参与线上社区讨论，而且还节省了场地租赁、食宿等培训成本。

幼儿教师是研修的主体，要给予幼儿教师充分的自主权，改变传统幼儿教师在培训活动中内容选择的被动地位，满足幼儿教师的个性化发展。在培训内容上要注意以下几点。

第一，幼儿教师必须要学习诸如信息技术与幼儿课程整合、信息技术与幼儿认知和健康发展等信息知识，为获得信息能力打下基础。

第二，信息能力是幼儿教师信息素养的关键内容，因此，有必要给幼儿教师培训相关教育教学应用、平台以及现代化教学设备的操作能力。幼儿教师习得信息工具的操作能力后，要及时强化并举例示范信息技术与幼儿教育教学相结合的具体案例，以实际问题为导向，用案例的形式示范如何恰当地将信息技术与幼儿教育教学创新融合发展，教给幼儿教师跨领域整合的方式方法，以增强培训的实效性，让幼儿教师学有所得，学以致用。

第三，加强幼儿教师信息伦理道德的培养。网络资源越来越丰富，盗版产品作为价格低廉的商品也在生活中越来越常见，未知风险的网页链接也经常在各大群聊中出现，幼儿教师要增强版权意识以及安全意识，约束自己的信息行为。此外，要加强幼儿教师保护幼儿、家长个人隐私以及在互联网中对幼儿评价方面的培训，互联网的快速传播性要求幼儿教师必须慎重对待信息行为。

5. 深入推进“三通两平台”，助力幼儿教育高质量发展

“三通两平台”的实现程度是衡量教育信息化的重要指标，部分幼儿园仍然存在着无现代化教学设备以及优质教育教学资源的问题，教育部门要继续深入推进“三通两平台”的建设任务，加快建设幼儿教育资源应用平台，使幼儿教师便利获取资源，达到以“建”促“用”和以“用”促“建”的良性循环。

第八章　幼儿教师专业发展路径研究

在评估幼儿教师专业性水平的过程中，其专业能力的高低是主要的指标之一，也是幼儿教师综合素养不可或缺的一部分。本章就对幼儿教师的专业发展路径展开分析。

第一节　幼儿教师专业发展的取向

幼儿教师专业化是幼儿教师发展的未来趋势，幼儿教师的在职培训无疑是提升幼儿教师专业能力的主要手段，因此，必须探究未来幼儿教师需要具备的素养，然后选择合适的培训内容和培训方式，促进幼儿教师的专业化发展。可以说，幼儿教师专业发展已成为政府、学校、教育研究人员、幼儿教师共同关注的话题。促进幼儿教师专业发展是一项复杂的系统工程，幼儿教师专业发展不能脱离幼儿教师和学校的实际，幼儿教师专业发展应立足于幼儿教师和学校的发展，合理开发和利用校内外资源，充分发挥政府、教育研究人员、学校和幼儿教师的合力作用。①

同时，随着终身教育思想的普及、反思型幼儿教师的提出、校本行动研究的开展，幼儿教师专业发展的重心正在逐步下移——越来越多地要求学校参与到幼儿教师专业发展中来，幼儿教师专业发展的校本化正成为一种趋势，幼儿教师专业发展中的校本培训正越来越受到重视。幼儿教师的校本培训最大优点就是针对性强、灵活性大，注重幼儿教师学习

① 颜亚玲．农村幼儿园教师专业能力内生发展的路径研究[D].都匀：黔南民族师范学院，2021.

的亲身体验，解决幼儿教师发展中的实际问题。因此，积极开展校本培训是促进幼儿教师发展的重要形式。

第二节　幼儿教师专业发展的阶段与动力

一、幼儿教师专业发展阶段

对幼儿教师专业发展划分阶段的探究是促进幼儿教师专业发展的关键因素，在此梳理有关幼儿教师专业发展的阶段理论。姜勇教授从自主发展的情况分析提出了五阶段论，分别是新手—动机、适应—观念困惑、稳定—行动缺失、停滞—缺乏动力、更新—动机，其中每个阶段从发展的主动性来说有不同表现，更新期幼儿教师自主发展的意识与动机上有显著增强的趋势。[①] 李剑将幼儿教师职业的发展生涯划分成三个阶段，从教龄的长短划分，认为 5 年内的幼儿教师，为新手型幼儿教师；15 年以上的幼儿教师为专家型教师；处于二者之间的即为熟手型幼儿教师。[②] 而幼儿教师的发展阶段总结如下。

（一）初任—适应期幼儿教师

工作时间持续 1—3 年，即完成幼儿园班级教学一个循环，处于从事幼儿教师职业的尝试阶段。相当于师范生的见习期和小教三级阶段。

（二）探索—发展期幼儿教师

工作时间持续 4—9 年，即幼儿教师初步适应幼儿园保育和教育工作后，开始探索幼儿园教育教学规律，并继续在实践中提升专业素养，使之达到熟练的程度。相当于小教二级阶段。

（三）成熟—创造期幼儿教师

工作时间持续 10 年以上，即完成幼儿园班级教学三个循环。此阶

① 姜勇，阎水金．教师发展阶段研究：从“教师关注”到“教师自主”[J]．上海教育科研，2006（7）．

② 李剑．不同职业生涯阶段教师的专业发展[J]．教育理论与实践，2009（26）．

段教师教学经验丰富，是形成自己个性化教学风格的时期。相当于小教一级或高级阶段。

以上三个阶段具体的专业发展阶段特征（见图 8–1）。

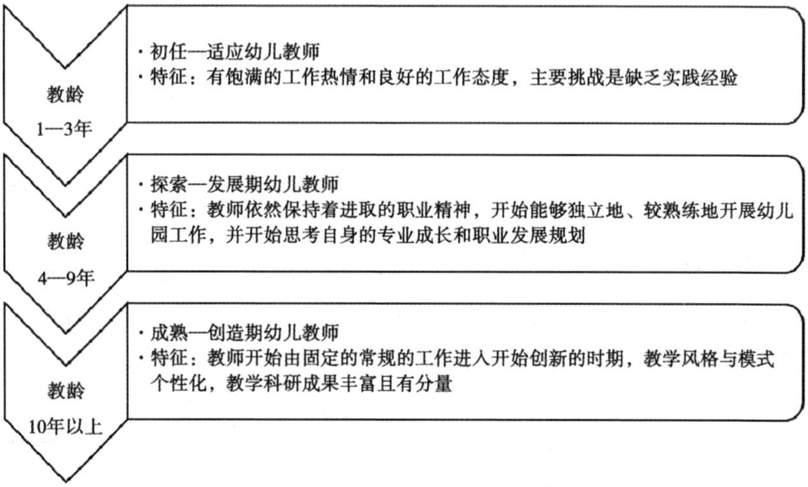

图 8–1　三个阶段具体的专业发展阶段特征

二、幼儿教师专业发展的动力

自主发展成为幼儿教师专业发展中的有效动力。苏霍姆林斯基说过：没有自我教育就没有真正的教育。教师专业发展的基本理论假设是教师具有反思、研究和改进自身教育行为的能力，并提出最恰当的改进建议，即教师具有自我教育的能力。因此，研究和改进专业发展是发展最直接、最恰当的途径。[①]

幼儿教师专业发展是幼儿教师的本体责任，幼儿教师通过自我教育、自我发展，立己达人、育人育己。就目前对于幼儿教师专业发展的研究趋势来看，应该走向提升幼儿教师专业价值、深化幼儿教师专业发展和尊重幼儿教师专业自主三个方面。而就幼儿教师专业自主而言，无论是在幼儿教师教育阶段，还是在教育实践阶段，幼儿教师都不能一味地充当执行者、被动者和守旧者，而应当成为专业发展的开发者、主动者

① 叶澜，白益民，王枬等．教师角色与教师发展新探[M]．北京：教育科学出版社，2001.

和创造者。幼儿教师专业的良好发展不能依靠规约、权威和他律，而应该尊重幼儿教师专业的自主、自觉和自律。①

在我国很长一段时间内，幼儿教师专业发展主要是通过外部社会组织的推动和制度制约的外塑模式，这种模式颠倒了事物发展的主次地位，形成了喧宾夺主的格局，其对于幼儿教师专业发展的成效不显。随着对幼儿教师专业发展主体性回归的重视，幼儿教师专业发展从外塑转向内修已成为一种必然趋势。

但是自主并不是说不要任何外部条件、不需要借助外在力量，自主概念是一个与依赖互补的概念，自主是建立在对环境的依赖基础上的，尊重并不意味着放纵，自主并不意味着放任，而是应当通过制度的引导和教育的培养，让幼儿教师成为专业发展中的理性人。因此，作为理性人的幼儿教师，就需要幼儿教师在专业发展过程中，既可以享受充分的自由和自主，又能对自身的专业发展负责、对职业负责，实现幼儿教师个体独特性与群体普遍性、专业的个体价值与社会价值的内在和谐统一。

（一）个人的努力是教师自主专业发展的动力

在学习共同体中微观层次就是建构实习场，实习场的作用就在于为学习者提供一个真实的情境，它包含了学习者在现实中遇到的大多数的需求，并在这个实习场中把学习活动“抛锚”在其中，以此来促进学习者掌握解决真实问题的能力。因此，教师个体通过在实习场主动地分析、解决问题来获得专业知识的提升。

幼儿教师能够灵活地面对幼儿发展、生活的方方面面，就需要幼儿教师不断地提升自己的能力。这些也是作为一名合格的幼儿园教师所需要具备的基本能力。为了不断提升这些技能和能力，幼儿教师要不断地主动学习，并借助网络和同伴的力量，进行选择、分析、取舍，最后纳为己用。因此，幼儿教师要从幼儿入园开始的一日生活、常规活动等方面做出灵活调节。而且，要通过网络媒体与家长做好沟通交流工作以确保教育的一致性与连贯性。另外，幼儿教师的一个关键能力就是与家长的沟通能力，除了日常的交流之外，还要让父母通过家园开放日，并借

① 黄友初．改革开放40年来我国教师专业化的回顾与展望[J].课程·教材·教法，2018（11）.

此机会与家长进一步交流。幼儿教师之间也会相互交流探讨，找出需要改进的地方从而让活动设计得刚好。另外，想要做好教育教学工作的关键在于了解幼儿，因材施教。因此对于幼儿教师来说全面地读懂幼儿，掌握幼儿的发展状态就需要幼儿教师有观察幼儿的能力与敏感度。

（二）幼儿教师自主专业发展的助力

本节主要对幼儿教师的自主发展意识、发展规划、发展行为、发展评价与反思四个部分进行分析描述。

1. 自主发展意识

自主发展意识是幼儿教师发展的一种内部驱动力，是指幼儿教师对于专业发展中价值的自我认识和职业认同，它是幼儿教师自主专业发展的基础，既包括幼儿教师对自己的认知，也包括幼儿教师对职业的认知。幼儿教师对自我的感知来自外部的评价以及自我的定位，总体来说幼儿教师的自我效能感较强，有清晰的自我定位，也有较强的职业认同感，热爱幼儿教育事业，有较强的内在动机。

（1）幼儿教师的自我认知

幼儿教师是一个社会人，也是独特的个体，了解自己的优缺点及优势与不足，明确自己的责任与义务，这是促进个体发展的基础。在通过对访谈资料的分析中发现，幼儿教师对于自我的认知主要体现在以下六个方面，包括转岗教师对幼儿教师职业的解读、对工作性质的理解、自我发展的定位、外部的反馈、发展中的期待和发现问题。

（2）幼儿教师职业认同

幼儿教师自身对待职业的态度和认知，会成为幼儿教师发展前进路上的指路灯。幼儿教师的工作具有高度的自我参与性，幼儿教师在心中树立的自我形象对幼儿教师教学实践来说是一个重要因素，职业认同不是一个稳定的实体。它不能被解释为固定的或单一的，它是人们认清自己与他人或环境之间关系的一种途径。如果幼儿教师对自身身份认同存在危机，不仅对教育目标的实现、良好师生关系的建立有着消极的影响，而且与幼儿教师工作意义、离职意向也有着密切的关系。而一个具有强烈的职业认同的幼儿教师能在工作中扮演好自己的角色，将个人的全部力量都调动到教书育人的角色中来，感受工作带给自己的成就感、满足感以及幸福感。因此，本书认为，幼儿教师对自己职业的看法在一定程度上反映了幼儿教师对于自主专业发展的状况。幼儿教师职业认同就意味着幼儿教师在职业发展的过程中对自己职业的认同程度，对职业的喜爱与否，个体对于所从事的职业的目标、看法以及对待幼儿教师这个职业所承担的责任等。

2. 自主发展规划

自主发展规划就是指幼儿教师在对自己过去发展过程的反思，对未来发展表现的期待，通过对自我、各种时空因素的综合考虑，对自己的专业发展作出的一种计划安排的过程。具体包括：合理安排对中、长期的个人发展规划及自我纠正调控。

3. 自主发展行为

自主发展行为是指幼儿教师在自主发展意识的推动下，按照自主发展规划行动目标，通过灵活的自我调控与优化，推动自己的专业顺利发展。行动是对规划和意识的展现，如果脱离了实际行动的规划，幼儿教师的发展就只能停留于空想。

4. 自主发展评价与反思

发展的评价与反思是指幼儿教师在对自己专业发展效果的一种判断与改进的过程。幼儿教师专业发展评价是通过提供专业、准确、完整的信息，验证幼儿教师专业发展活动是否达到预期目的，这是对幼儿教师教育活动进行的价值判断。幼儿教师专业发展的评价标准是以教师专业发展是否科学规范为依据，其中包括对幼儿教师发展的评价与幼儿教师对该评价所做出的反思，以及在与成员的交流中相互之间的评价与反思的活动，并在此基础上对自己下一步的发展进行分析、规划和行动。

第三节 幼儿教师的自主发展途径拓展

幼儿教师专业的改善，需要幼儿教师的主观能动性，但仅仅依靠松散的幼儿教师个体的权利觉醒远远不够，还需要走向幼儿教师群体，并成立专业组织以整合幼儿教师的力量，进而保证幼儿教师个体的专业权利得到保护和引领。

一、组建多元合作共同体满足幼儿教师发展需要

组建多样化的幼儿教师发展团体可以满足幼儿教师的发展需求。学习型组织对于幼儿教师而言就是促进幼儿教师发展的学习共同体、实践共同体，是一种幼儿教师专业学习社群，它注重幼儿教师在社群中的学习质量，为幼儿教师的专业发展与成长保驾护航。

幼儿教师学习共同体可以是校内间的合作，也可以是区域间的合作；可以同等级的学校间的合作，也可以是跨等级间的合作；可以是相同学科型，也可以是跨学科型的合作。例如，幼儿园与小学的合作或是大学教授与幼儿教师专业能力方面引领的合作等，教师通过这样的多元化合作构建可以形成同质的提升与异质的互补。

（一）通过分析建构多元的合作形式

通过对于幼儿教师的分析评价，或是根据幼儿教师的个人意愿，组成相应的学习组织。例如，课程教研组、读书沙龙组、专题活动组、课例研讨组、家园沟通组、区域联动组、专家引领实践组等。这些组织的活动内容，其本是探讨普及学习；根据本园教育教学的实际情况，举办专题讲座和理论学术报告会；传递国内外教育改革的最新信息、典型的教育经验和先进的教育理念等。同时，探讨课程实施的重点难点、游戏活动的改进方向、家园沟通的注意事项，为参与小组活动的教师普及先进的教育理论，探索优化教学实践的活动等。

（二）形成共同体中的合作文化

幼儿教师专业学习共同体的核心是合作文化。要培养幼儿教师专业合作认知，就要帮助幼儿教师正确认识和重视与同伴专业合作的重要价值和意义。从具体的教学模式或实践环节提高幼儿教师对专业合作的认识。在幼儿园中积极开展团队活动，增强团队间的凝聚力，体会彼此帮助相互信任并最终获得成功的心情；形成愿意合作的氛围和能够合作好的经验交流。

（三）合作中需要适当的冲突

强调幼儿教师之间的合作与幼儿教师个人的独立思考并不矛盾。合作的作用是更加开阔幼儿教师的视野，以便幼儿教师更好地发展，同时，幼儿教师个人的发展也会促进合作的进行，在交流中观点、建议产生的基础是幼儿教师个人思考的结果。所以，幼儿教师合作并不意味着幼儿教师放弃个体责任，而是在交流、探讨、沟通中更好地承担自己的责任。但是，如果只追求合作中的和谐，就会削弱幼儿教师的探索和创新热情，降低幼儿教师的反思和变革能力，导致合作学习逐渐成为影响组织发展的内在阻力。而适当的冲突，能够使双方在辩论过程中碰撞出新的思想火花，或者使自己的观点更具说服力，这也是一种知识交流的积极方式。因此，在学习共同体中既需要合作，也需要允许冲突的产生。

二、借力网络知识共享　促进幼儿教师深度学习

幼儿教师在专业学习共同体中，要通过互联网打破地域限制，进行知识的交流、转化、共享和吸收，使自己成为具有深度学习能力的职业人。随着科学技术的飞速发展，网络技术在促进幼儿教师专业发展、追求终身学习等方面显示出了巨大的优势。通过网络的作用力，共同体中的幼儿教师之间打破了地域、时间的限制，可以及时地进行知识的共享。知识共享一般是表示知识通过某种方式，从个体、群体、组织之间流动的活动，这就意味着将幼儿教师的话语和思考体系将从个体层面上升到更为广泛的共享层面。

幼儿园中的专业学习共同体就是深度学习的有力支撑。一方面，幼儿教师知识共享不仅能整合幼儿教师的专业知识，就实际的问题进行整合与提升，而且促进幼儿教师形成共享互惠的发展合力，这有助于促进幼儿教师专业发展。另一方面，要在知识之间建立起有意义的联系，往往需要通过活动与交往以及社会互动才能实现。

参考文献

[1][德] 第斯多惠著，袁一安译 . 德国教师培养指南 [M]. 北京：人民教育出版社，2001.

[2][法] 卢梭 . 爱弥儿论教育 [M]. 北京：商务印书馆，1978.

[3][英] 戴维 · 伯姆著，王松涛译 . 论对话 [M]. 北京：教育科学出版社，2004.

[4] 陈帼眉，姜勇 . 幼儿教育心理学 [M]. 北京：北京师范大学出版社，2007.

[5] 陈永明 . 现代教师论 [M]. 上海：上海教育出版社，2003.

[6] 辞海编委会 . 辞海 [Z]. 上海：上海辞书出版社，1979.

[7] 陶行知 . 陶行知全集：第 1 卷 [M]. 成都：四川教育出版社，2005.

[8] 顾明远 . 教育大辞典 [M]. 上海：上海教育出版社，1990.

[9] 黄政杰，张芬芬 . 学为良师——在教育实习中成长 [M]. 中国台北：师大书苑，2001.

[10][美] 莱夫，温格著；王文静译 . 情境学习：合法的边缘性参与 [M]. 上海：华东师范大学出版社，2004.

[11] 李定仁，徐继存 . 课程论研究二十年 [M]. 北京：人民教育出版社，2004.

[12] 李其龙，陈永明 . 教师教育课程的国际比较 [M]. 北京：教育科学出版社，2002.

[13] 林清江 . 我国教师职业声望与专业形象之调查研究（第三次）[A]. 两岸教育发展之比较 [C]. 中华民国比较教育学会 . 台北：师大书苑，1992.

[14] 马克思恩格斯选集（第 3 卷）[M]. 北京：人民出版社，1995.

[15] 美国国际教育技术协会《国家教育技术标准》项目组著，祝智庭译 . 面向学生的美国国家教育技术标准 [M]. 北京：中央广播电视大

学出版社，2000.

[16] 孟繁华，张景斌等 . 和谐共生：教师教育共同体的理论与实践 [M]. 北京：首都师范大学出版社，2016.

[17] 彭兵 . 成就专业的幼儿教师——幼儿教师专业发展阶段研究 [M]. 北京：北京师范大学出版社，2012.

[18] 申毅，王纬虹 . 幼儿教师专业发展 [M]. 重庆：西南师范大学出版社，2009.

[19] 施良方 . 课程理论——课程的基础、原理和问题 [M]. 北京：教育科学出版社，2003.

[20] 苏真 . 比较师范教育 [M]. 北京：北京师范大学出版社，1991.

[21] 吴式颖 . 教育：让历史启示未来 [M]. 北京：人民教育出版社，2009.

[22][德] 席勒著，徐恒醇译 . 美育书简 [M]. 北京：中国文联出版公司，1984.

[23] 叶澜，白益民，王枬等 . 教师角色与教师发展新探 [M]. 北京：教育科学出版社，2001.

[24] 张纯兴 . 现代心理学——现代人研究自身问题的科学 [M]. 上海：上海人民出版社，2000.

[25] 张念宏 . 中国教育百科全书 [M]. 北京：海洋出版社，1991.

[26] 郑燕祥 . 教育领导与改革新范式 [M]. 上海：上海教育出版社，2005.

[27] 朱家雄 . 幼儿园课程 [M]. 上海：华东师范大学出版社，2003.

[28] 朱旭东等 . 教师专业发展理论研究 [M]. 北京：北京师范大学出版社，2011.

[29] 左志宏 . 幼儿园教师职业道德 [M]. 北京：北京师范大学出版社，2014.

[30] 楚卓孛 . 新建公办幼儿园园本培训的问题与策略研究 [D]. 成都：四川师范大学，2020.

[31] 贺记珍 . 幼儿教师教育研究能力的提升路径研究 [D]. 太原：山西大学，2021.

[32] 陆雨涵 .A 学院学前教育专业实践教学体系个案研究 [D]. 昆明：云南师范大学，2019.

[33] 毛冯 . 成都本土文化作为高中语文校本课程资源开发的研究

[D]. 南充：西华师范大学，2018.

[34] 撒兰应 . 中学教师专业发展中的关键事件：一份个案研究 [D]. 上海：华东师范大学，2019.

[35] 史津赫 . 新入职幼儿教师园本培训的现状研究——以 C 市幼儿园为例 [D]. 长春：长春师范大学，2019.

[36] 王彩凤 . 幼儿教师人格类型与其职业认同的关系研究 [D]. 北京：首都师范大学，2009.

[37] 王春燕 . 中国学前课程百年发展、变革的历史与思考 [D]. 南京：南京师范大学，2003.

[38] 吴美林 . 守护儿童世界——儿童哲学视角下幼儿教师角色探析 [D]. 成都：四川师范大学，2021.

[39] 颜亚玲 . 农村幼儿园教师专业能力内生发展的路径研究 [D]. 都匀：黔南民族师范学院，2021.

[40] 于梦圆 . 幼儿教师专业认同与工作绩效的关系研究 [D]. 石家庄：河北师范大学，2020.

[41] 赵菲 . 家长对幼儿教师专业能力的期待研究 [D]. 重庆：西南大学，2011.

[42] 朱佳佳 . 绘本教学活动促进大班幼儿创造性思维发展的行动研究 [D]. 武汉：华中师范大学，2020.

[43] 安芹，贾晓明 . 高校心理咨询员专业认同的初步研究 [J]. 中国临床心理学杂志，2006（2）.

[44] 陈向明 . 实践性知识：教师专业发展的知识基础 [J]. 北京大学教育评论，2003（1）.

[45] 陈向明 . 行动研究对一线教师意味着什么 [J]. 教育发展研究，2014（4）.

[46] 丁敏 . 高校学前教育本科生专业实践能力的培养 [J]. 苏州科技学院学报（社会科学版），2016（6）.

[47] 窦荣军，胡啸天，黄健 . 技术、解放与实践：教师专业发展研究的元教育学分析 [J]. 国家教育行政学院学报，2020（9）.

[48] 黄友初 . 改革开放 40 年来我国教师专业化的回顾与展望 [J]. 课程 · 教材 · 教法，2018（11）.

[49] 黄友初 . 教师专业素养：内涵、构成要素与提升路径 [J]. 教育科学，2019（3）.

[50] 姜勇，郑楚楚 . 汇聚与变革：改革开放 40 年幼儿教师专业发展历程解析 [J]. 学前教育研究，2019（3）.

[51] 蒋晓 . 试论班杜拉社会学习理论及其教育意义 [J]. 华东师范大学学报（教育科学版），1987（1）.

[52] 李国强 . 保罗 · 朗格朗与终身教育理论——兼论西方终身教育理论对我国教育现代化的启示 [J]. 教育研究，2017（6）.

[53] 李霞 . 信念、态度、行为：教师文化建构的三个维度 [J]. 教师教育研究，2012（3）.

[54] 梁卿 . 职业院校教师职业道德建设的反思与改进 [J]. 职教论坛，2015（5）.

[55] 刘三朵，张冬胜 . 论实践能力的内涵与结构 [J]. 当代教育论坛，2004（9）.

[56] 刘伟 . 论学校德育中的道德习惯养成 [J]. 教学与管理，2018（30）.

[57] 刘妍，田秋梅，任萍等 . 专业认证背景下学前教育专业实践教学现状及优化探索 [J]. 辽宁科技学院学报，2020（6）.

[58] 刘幼玲 . 学前教师专业发展的阶段特征与提升路径 [J]. 贵州师范学院学报，2018（6）.

[59] 卢晓东，陈孝戴 . 高等学校“专业”内涵研究 [J]. 教育研究，2002（7）.

[60] 马丽 . 学前教育本科生专业实践能力提升策略探讨 [J]. 巢湖学院学报，2018（2）.

[61] 庞丽娟 . 多元快速有效扩充我国学前教师队伍 [J]. 教育研究，2019（3）.

[62] 乔晖 . 乡村振兴背景下卓越教师专业化发展路径 [J]. 南京农业大学学报（社会科学版），2020（3）.

[63] 饶淑园 . 专业认证视域下应用型本科学前教育专业实践教学模式构建——以惠州学院为例 [J]. 陕西学前师范学院学报，2020（6）.

[64] 申继亮等 . 关于中学教师成长阶段的研究 [J]. 天津师范大学（基础教育版），2002（3）.

[65] 师远贤 . 本科院校学前教育专业学生实践能力培养试析 [J]. 教育导刊（幼儿教育），2009（12）.

[66] 宋晔牛，宇帆 . 道德自觉　文化认同　共同理想——当代道德教

育的逻辑进路 [J]. 教育研究,2018（8）.

[67] 孙莹 . 地方高职院校实践课程的改革 [J]. 长春工业大学学报(高教研究版),2014（1）.

[68] 谭日辉 . 当前幼儿教师职业认同存在的问题、原因分析及其提高策略 [J]. 学前教育研究,2009（12）.

[69] 唐玉光 . 教师专业发展研究 [J]. 外国教育资料,1999（6）.

[70] 田学红 . 我国“教师教育课程”的改革实践及其思考 [J]. 教育研究与实验,2009（3）.

[71] 王顶明,刘永存 . 硕士研究生专业认同调查 [J]. 中国高教研究,2007（8）.

[72] 王芳,卢乃桂 . 教育实习中的“三角关系”探析 [J]. 教育科学,2010（2）.

[73] 王练 . 应用型学前教育专业本科生实践能力培养探讨 [J]. 幼儿教育,2011（33）.

[74] 王清思 . 教育理论与实务的关系：剖析杜威对师资培育的看法及其对现今的启示 [J]. 初等教育学刊,2008（12）.

[75] 王永固,聂瑕,王会军等 . “互联网 +”名师工作室促进乡村教师专业发展：机制与策略 [J]. 中国电化教育,2020（10）.

[76] 夏飞,高燕 . 内源与外源发展：教师专业发展的实践博弈 [J]. 中国教育学刊,2015（8）.

[77] 徐君 . 立足自我：教师专业可持续成长的最佳选择 [J]. 课程 · 教材 · 教法,2008（2）.

[78] 叶澜 . 新世纪教师专业素养初探 [J]. 教育研巧与实验,1998(1).

[79] 叶妙企 . 科学的儿童观：幼儿教师专业素质之本 [J]. 中国教育学刊,2017（S1）.

[80] 易斌 . 诺尔茨成人学习理论对中国成人教学的启示 [J]. 中国成人教育,2008（12）.

[81] 袁名松 . 论道德认识与道德蜕化 [J]. 安顺学院学报,2012（6）.

[82] 曾艳 . 基于专业学习的园本教研的内涵及其实施策略 [J]. 学前教研宂,2011（4）.

[83] 翟艳 . 天津市幼儿教师专业认同现状的调查与分析 [J]. 教育探索,2013（2）.

[84] 张丽敏,叶平枝,李观丽 . 公共话语中的幼儿园教师形象——基

于网络媒体新闻的内容分析与话语分析 [J]. 学前教育研究，2020（3）.

[85] 张筱良 . 新手幼儿教师的专业成长途径 [J]. 学前教育研究，2008（8）.

[86] 赵建华 . 大学生实践能力的概念、结构与影响因素分析 [J]. 中国大学教学，2009（7）.

[87] 赵双，薛晓阳 . 从苏霍姆林斯基道德情感教育论道德教育的结构 [J]. 中国德育，2018（24）.

[88] 钟祖荣，张莉娜 . 教师专业发展阶段的调查研究及其对职后教师教育的启示 [J]. 教师教育研究，2012（6）.

[89]Shulman, L. S. Those who understand: knowledge growth in teaching[J]. *Educational researcher*, 1986（2）.

[90]National Board for Professional Teaching Standards.Early Adolescence through Young Adulthood/Art Standards（second Edition）[EB/OL]. http://www.nbpts.org/wp-content/uploads/EAYA-ART.pdf.

[91]Korthagen F. A. J. A foundation for effective teacher education: Teacher education pedagogy based on theories of situated learning[J]. *The SAGE handbook of research on teacher education*, 2017（1）.

[92]Anderson N. A., Barksdale M. A., Hite C. E. Pre-service teachers'observations of cooperating teachers and peers while participating in an early field experience[J]. *Teacher Education Quarterly*, 2005（4）.

[93]Dewey. *The Child and the Curriculum/The School and Society*[M]. Chicago: University of Chicago Press, 1943.